T0247101

ELI MARTÍNEZ

CREA
UNA PAREJA
A TU MEDIDA

ELI MARTÍNEZ

CREA
UNA PAREJA
A TU MEDIDA

Mejores personas
hacen mejores parejas

alamah

El papel utilizado para la impresión de este libro ha sido fabricado a partir de madera procedente de bosques y plantaciones gestionadas con los más altos estándares ambientales, garantizando una explotación de los recursos sostenible con el medio ambiente y beneficiosa para las personas.

Crea una pareja a tu medida
Mejores personas hacen mejores relaciones

Primera edición: enero, 2023

D. R. © 2023, Eli Martínez

D. R. © 2022, derechos de edición mundiales en lengua castellana:
Penguin Random House Grupo Editorial, S. A. de C. V.
Blvd. Miguel de Cervantes Saavedra núm. 301, 1er piso,
colonia Granada, alcaldía Miguel Hidalgo, C. P. 11520,
Ciudad de México

penguinlibros.com

D. R. © 2023, Jorge Bucay, por el prólogo

ISBN: 978-607-382-418-7

Impreso en México – *Printed in Mexico*

Siempre he sido una ferviente creyente del amor: ése que engrandece la vida, que llena el alma; ése que te transforma como ser humano y que es un movimiento expansivo hacia afuera de la pareja misma. Aquél que forma vínculos nutrientes y genera paz, contento, gozo y crecimiento en lugar de miedo, desconfianza, dudas y resentimientos. Ese amor que, pareciera en nuestros días, cada vez es más desprestigiado, escaso y difícil de lograr... Pues bien, este libro está dedicado a todos aquellos valientes que aún creen en él, y reconocen que será un estado que nos rete a convertirnos en una mejor versión de nosotros mismos y que invita al otro a desearlo también.

También dedico este libro a Eric, mi esposo, mi amor... Quiero que sepas que me has ayudado a que mi vida sea más grande cada día y eres el compañero más maravilloso que pude haber encontrado en el camino. Cómplice de esta aventura llamada vida... ¡Gracias por tu amor, paciencia y dedicación de cada día! Realmente me has mostrado cómo un hombre sabe amar a una mujer y has de saber que eres muy correspondido.

A mis hijos, quienes espero sigan su camino de evolución a través de la pareja sana. Siguen y seguirán siendo mi inspiración... ¡Los amo!

ÍNDICE

PRÓLOGO

Hace muchísimos años, tuve la fortuna de cruzarme involuntariamente con un texto del maravilloso escritor italiano Giovanni Papini. Se trataba, como luego investigué, de un cuento que integraba su antología *El piloto ciego*. En este breve y magistral relato, el autor nos habla de un reloj que cuelga en la pared de su cuarto. El viejo reloj colgante está detenido desde hace muchos años en aquella hora que fue su última: las siete en punto. Dice Papini que, a los ojos de todos, el reloj parecía muerto… Sin embargo, reflexiona el escritor, hay dos momentos en el día donde su viejo reloj parece cobrar vida: a las siete de la mañana y a las siete de la noche, su reloj entra en sintonía con todos los relojes de la ciudad y marca la hora exacta. Aprendí de ese texto a comprender que hay momentos en nuestra vida en que todas las cosas parecen sincronizarse y conspirar para dar forma a hechos, instancias o sucesos únicos, que disparan a su vez sucesos igual de únicos o, por lo menos, improbables. No se trata de provocarlos, ni de buscarlos, pero sí de estar alerta a ellos cuando suceden.

Que alguien en el mundo decida compartir lo que sabe con otros escribiendo un libro es un hecho maravilloso en sí mismo. Que ese libro sea una pequeña joya digna de ser leída, útil y transformadora, es una maravilla más, y que la autora sea una persona de tus afectos hace del asunto un hecho particularmente destacado. Ahora bien, si la autora decide darte el privilegio de escribir el prólogo de ese libro, el punto de sincronía se hace presente. Y aquí estoy yo, viviendo uno de esos momentos casi mágicos y aceptando el halago de prologar este libro

Estar en pareja siempre parece como un desafío, un sueño quimérico o un escollo que se intuye difícil. Pensar en compartir nuestros días y nuestras noches con otra persona, por el resto de nuestras vidas, presupone para casi todos una penosa sucesión de aflicciones y frustraciones.

Porque tamaña garantía de dificultades, porque tanta seguridad de desencuentro... ¿por qué tan agoreras profecías?

La palabra pareja incluye por supuesto el sufijo "eja", que actúa como un deflectivo del sustantivo que lo precede, aclarando que "parece, pero no es": una lenteja parece una lente por su forma, pero no lo es; una calleja no alcanza a ser una verdadera calle.

La relación de pareja es, desde su origen, un vínculo con otro que "parece" ser un igual... ¡pero no lo es! Este hecho es a la vez motivo de todo lo malo que puede ocurrir en un vínculo y, paradójicamente, responsable de todo aquello por lo que tiene sentido estar compartiendo la vida con alguien.

Imagina el tedio de convivir con alguien que sea, piense y actúe de manera idéntica a la tuya: nada que consultar, nada nuevo de qué hablar, nada que te sorprenda nunca... un verdadero horror.

La conciencia de esta diferencia se adquiere rápidamente en la primera semana de convivencia continua —quizás en la primera mañana de despertar junto a tu pareja—. En ese momento, un descubrimiento inevitable aparece con claridad en la mente: el otro es *raro*. Tan raro como para querer ver televisión cuando quieres dormir, querer dormir cuando tú quieres leer, querer leer cuando quieres hacer el amor y querer hacer el amor justo, justo cuando quieres ver tu programa favorito de televisión... ¡El otro es tan raro!

Y sin embargo esta sensación de extrañeza está muy lejos de ser un problema. La pareja tiene o debería tener para nosotros una razón adicional a la simple búsqueda de compañía diurna o nocturna. La verdadera razón que le da sentido a la pareja es mucho más trascendente: se trata de la de ser el mejor lugar y el mejor disparador para el desarrollo personal de cada uno de sus miembros.

Como suelo decir, cualquiera puede ver sus manos o sus pies, pero nadie puede ver directamente su cara; para verla y reconocerla, todos necesitamos un espejo que nos devuelva los mínimos detalles de nuestro propio rostro, siempre oculto a nuestra mirada. Con algunos de nuestros aspectos psicológicos pasa otro tanto; nuestra manera de ser, la más interna, la más significativa, permanece en general oculta hasta que un espejo nos la muestra. Nosotros, los terapeutas de familia y de pareja, sabemos que el mejor, el más fiel y el más agudo de los espejos del alma es la mirada de nuestra pareja. Si nos damos cuenta de que cada conflicto, cada pelea y cada discusión entre los dos se debe a una mirada diferente de quienes somos, cada desencuentro debería ser tomado como una oportunidad para descubrir aspectos de mí que no puedo ver por mí mismo.

Me gusta definir la pareja como un vínculo afectivo y sexuado entre dos personas que comparten un proyecto de vida en común y han decidido crecer juntos utilizando los desencuentros como disparadores y los encuentros como estímulos. Esta decisión, la de crecer al lado de otro, es en el nuevo milenio la razón más importante para estar en pareja. Sabemos hoy que a veces no alcanza con ser buenos compañeros que se sostienen en los momentos difíciles; no alcanza con tener hijos y conformar una familia; tampoco basta con tener un sexo glorioso, ni con divertirse juntos, sino que viene bien disfrutar además de un rédito adicional: el del crecimiento intelectual y espiritual de cada uno en compañía de su pareja.

En la película *Mejor imposible*, el personaje de Jack Nicholson es urgido por una ofendida Helen Hunt a decirle una frase galante y amorosa.

"¡Y que sea buena! —le advierte—, porque si no lo es... ¡me voy!"

Él piensa durante un interminable par de minutos —es un escritor neurótico fóbico, obsesivo y misógino— y finalmente le dice:

"Desde que te conozco, siento cada día ganas de ser una mejor persona".

Una lágrima cae por el rostro emocionado de Hunt que se pone de pie y le dice: "Es el mejor piropo que me han dicho nunca. No te vayas... ya vuelvo".

Nicholson la ve caminar hacia el baño y piensa en voz alta:

"Me parece que me excedí..."

Y es que el deseo y la sensación de ser mejor para y por ese otro es realmente la confirmación del gran sentido de estar juntos. Tradicionalmente los terapeutas decimos que todo lo que no se aprende o no se resuelve en la etapa correspondiente, queda como asunto pendiente y funciona después enredando y trabando el proceso de crecimiento de las personas y, por ende, también el de las parejas.

A este mecanismo de resolver, acomodar y sanar los asuntos inconclusos del pasado para no repetir conductas tóxicas se le llama evolución y es condición para el mejor desarrollo de las personas y de sus vínculos. Crecer no es algo que uno decide hacer, pero sí es algo que se debe permitir que suceda con la propia complicidad y presencia. En el entorno de la pareja, dicho crecimiento no es el resultado de un esfuerzo, sino una consecuencia deseable y previsible del encuentro comprometido y sano de dos personas que se aman y se respetan.

Es obvio que el otro no es el que era cuando nos conocimos y que yo tampoco soy el que fui. Lo mejor sería celebrar estos cambios y renunciar definitivamente a manipular o controlar a la pareja para que sea como la recordamos o como nos gustaría. Es necesario darse cuenta de que estos cambios tienen que ver por fuerza con el tiempo y con la vida compartida.

Este libro habla de todo lo anterior: de cómo hacer de cada momento en pareja una oportunidad de crecer. Efectivamente se trata de conseguir mirar a tu compañero o compañera como un maestro y no como un rival. Sólo así podremos conseguir que esa actitud de desarrollo esté presente cada día, cada hora, cada momento.

Comencé este prólogo con un relato de un reloj; termino pues como empecé.

Cuentan que el viejo relojero volvió al pueblo después de dos años de ausencia. El mostrador de su relojería recibió en una sola tarde todos los relojes del pueblo, que a su tiempo se habían detenido y desde entonces yacían olvidados en algún cajoncito de la casa de sus dueños.

El joyero revisó cada uno, pero solamente uno, el del maestro del pueblo, tenía arreglo. Todos los demás estaban oxidados e inservibles.

Al citar al maestro, el relojero supo el misterio de esa diferencia. Cada noche ese hombre, que amaba a su viejo reloj, lo sacaba de la mesa de noche, lo calentaba entre sus manos, lo lustraba, le daba apenas una media vuelta a la tuerca y lo agitaba escuchando durante algunos minutos el tic-tac de la máquina, que enseguida volvía a detenerse.

Esa actitud amorosa de cuidado cotidiano mantuvo con vida al dormido reloj.

Una actitud tan cuidadosa como ésta puede cotidianamente impedir que se oxiden y se arruinen nuestros mejores mecanismos internos.

Solamente esta actitud puede mantener en funcionamiento tanto a la más tierna y dulce de las parejas, como a la más tortuosa y difícil de ellas.

Este libro que recomiendo leer con atención es, en fin, la compilación de las sabias palabras de un relojero que, en cada frase, nos recuerda que debemos prestar atención, cuidar y atender cada día, al mecanismo que alguna vez puso en marcha esta pareja, y lograr así que se sostenga y fluya, para ser siempre la más nutritiva, disfrutable y duradera relación que podamos habitar.

JORGE BUCAY

INTRODUCCIÓN

¿Te has preguntado una y mil veces por qué tienes tantos problemas en tus relaciones amorosas? En realidad, ¡quién no los ha tenido! Si estás soltero porque estás soltero, si estás emparejado porque estás emparejado... Unos huyen de las relaciones, mientras que otros están desesperados por conseguir una; esto es como el cine: los que están adentro quieren salir y los que están afuera qu ren entrar. Lo que empieza con bombo y platillo en el *enamor-a-miento*, se desmorona al corto plazo para convertirse en una guerra sin cuartel, donde no hay vencedores ni vencidos, tan sólo sobrevivientes...

Muchos no entienden por qué siempre atraen al mismo patrón de personas: el mismo infierno, pero con diferente diablo. Quizá sea karma o mala suerte, se cuestionan... Algunos han recurrido al chamán, brujería, tarot, amuletos; han ido a terapia y nomás no hay manera de lograr ese amor tan anhelado. Incluso piensan: "Si soy tan buen@, ¿por qué no tengo pareja? Soy atractiv@, exitos@, independiente, buena persona... ¿qué más quieren?, ¿por qué se van con personas que no valen tanto cómo yo?, ¿qué hay de malo en mí? Seguramente, yo soy el problema. A mí nadie me elige; el amor no se hizo para mí, me voy a quedar sol@...". Como lo mencionan Jorge Bucay y Silvia Salinas: "Aprendí como terapeuta que cuando las oportunidades no aparecen, casi siempre se debe a que hay uno o más aspectos internos que están saboteando el encuentro" (2008, p. 14).

También están aquellos inmersos en las llamadas *relaciones tóxicas*, donde existe algún tipo de violencia y abundan el miedo, el sufrimiento, la culpa, la sensación de obligación y el dolor, sin saber cómo resolver sus problemas y sin poder salirse de allí, enfermos física y emocionalmente. Desgraciadamente, en América Latina las relaciones tóxicas son el pan nuestro de cada día por razones muy culturales. Por ello es importante que sepas reconocer si estás en una de estas formas de relación disfuncional para que puedas tomar acción, recuperarte y salir sin fallar en el intento.

Otras parejas permanecen en la zona de confort, en modo sobrevivencia. Incluso, en muchas ocasiones se convierten en *roomies*, viven juntos, pero sin tener una vida sexual o una muy escasa (nada más pa' cumplir...); ya no hay un proyecto de vida en común, están aburridos el uno del otro. Yo digo que cuando el aburrimiento entra por la puerta, el sexo sale por la ventana. Se llega a la indiferencia o, lo que es peor, al despido interior; es decir, está el bulto, pero no la energía, lo cual es caldo de cultivo perfecto para que aparezcan terceras personas en la relación, pero sin tener el coraje de rehacer su vida por separado. Esto enseña a los hijos que se vale estar amargándose la existencia mutuamente e incluso ponerlos de pretexto para no divorciarse: "No me divorcio por ustedes". No, no te divorcias porque no tienes independencia de algún tipo: emocional, económica o intelectual, o por miedo a quedarte sol@ o por comodidad.

En pocas palabras, necesitamos capacitación para el tema del amor, una capacitación que no recibimos a tiempo porque nuestros padres y ancestros tampoco la recibieron. Y seamos claros: el problema NO es la pareja, somos las personas que la formamos. No nos damos cuenta de que la pareja es el mejor maestro para aprender acerca de nosotros mismos y de nuestros programas inconscientes que no funcionan para poder cambiar nuestra óptica acerca de nosotros mismos, del otro y de la vida.

Por otra parte, el modelo amoroso que ha existido por tantas generaciones, hoy no funciona; de verdad, si nos ponemos a reflexionar en él, ¿qué significa? Pura obligación, control, pérdida de la libertad, esclavitud, infelicidad. Términos como *esposa* (como las esposas para atar las manos) o *pa-reja* (reja) nos hacen pensar que vamos al matadero. Imagínense, para los hombres representa llevar la carga económica, principalmente, y para las mujeres quedarse atrapadas atendiendo a la familia. ¡Es una cárcel! La nueva propuesta es formar relaciones mucho más equilibradas y con un conocimiento profundo de sí mismos y del otro, así como la voluntad de seguir eligiendo a nuestr@ compañer@ cada día, porque estamos convencidos de que el reto de ser pareja va más allá del erotismo y del compromiso. El amor divino entre dos seres solamente se da cuando estamos dispuestos a sanarnos a través del otro y ayudar a sanar al otro, no a cambiarlo. Este ágape del cual carecen tantos seres humanos hoy en día.

Por ello, me di a la tarea de elaborar una guía básica sobre relaciones que te dé herramientas prácticas y sencillas para que puedas generar mejores vínculos. Todo lo que verás en este material primero fue probado por mí; después lo puse al servicio de mis pacientes y alumnos confirmando su efectividad, para posteriormente ponerlo a tu servicio. Créeme, si alguien ha cometido errores en los temas de pareja, ésa fui yo... Me confieso que era totalmente neófita en temas afectivos y me relacionaba desde la carencia y el miedo en vez del amor. Afortunadamente hice mi trabajo personal hasta conseguirlo y te invito a que tú lo hagas.

Te quiero compartir que una relación sana puede ser de las experiencias más gratificantes y maravillosas a experimentar por un ser humano; es la familia escogida. Y en la actualidad, como nunca en toda la historia, las relaciones de pareja tienen un gran potencial, ya que nunca habíamos tenido mayor libertad, independencia, información y conciencia. A diferencia del pasado, hoy la pareja se hace por elección y no por imposición, temas económicos, de sobrevivencia o acuerdos sociales. Hoy se elige por amor con los riesgos que esto implica, ya que el amor por sí mismo no es suficiente para mantener una relación. Sin embargo, necesitamos entender que el amor en pareja es una elección en primera instancia y, sobre todo, una construcción del día a día que, cuando se consigue, llena de vitalidad y plenitud a sus integrantes y a quienes le rodean. También es un extractor de la verdad sobre ti mismo, porque te va a mostrar todo lo que no has podido resolver en ti. Es tu mayor maestro, mostrándote lo mejor y lo peor de la vida, pero a riesgo de convertirte en una mejor versión de ti mismo y evolucionar como ser humano. Vale la pena intentarlo, ¿no crees?

Ahora bien, para entrar más en materia, vamos a comenzar con mi historia de pareja y te voy a pedir que después tú escribas la tuya. Es posible que, desde este punto, empieces a encontrar información que sea de valor para ti, ya sea que te des cuenta de cuestiones que estés repitiendo en tus relaciones, hasta necesidades que nunca hayas satisfecho y que en el fondo de tu corazón anhelas obtener.

Desde que tengo uso de razón siempre he sido una romántica empedernida. De hecho, siempre ando emparejando personas, teniendo en mi haber 19 parejas estables incluyendo la mía. Desde niña soñaba con amores platónicos, vivía enamorada del amor... Provengo de una familia tradicional, clase media de la Ciudad de México, católica (en la actualidad soy espiritual, no religiosa), programada para casarme, tener hijitos y ser felices para siempre. La relación de mis padres fue cordial, más no amorosa (al menos esa es mi percepción).

Me queda claro que ellos se casaron por otras razones diferentes al amor. Mis dos abuelas tuvieron relaciones muy desafortunadas con los hombres. Mis bisabuelas quedaron viudas muy jóvenes. Me di cuenta de que las mujeres de mi sistema independientemente de estar casadas o no, estaban solas física o emocionalmente con sus hijos. Mujeres muy fuertes, trabajadoras y responsables, pero con una ausencia de hombres comprometidos y presentes en su vida.

Me enamoraba de hombres no disponibles para mí —porque esa es la información que venía de mi árbol genealógico—: los difíciles de atrapar, los poco comprometidos, los ausentes... Mi baja autoestima me hacía creer que yo no merecía el amor, que me hacían el favor de estar conmigo. Los hombres buenos, los que realmente me querían, esos no me interesaban, se me hacían aburridos. Siempre tuve muchos hombres interesados en mí afortunadamente, pero yo vivía soñando con el chico malo, con el que no me hacía caso. Tuve varios novios hasta que conocí al papá de mis hijos, que también traía su propia historia de dolor; así fue que se juntaron el hambre con las ganas de comer... Como diría mi buen amigo Rubén González Vera, "las chanclas andan en pares". Éramos dos niños heridos con cuerpos de adultos jugando a serlo. Evidentemente creamos un matrimonio muy disfuncional y doloroso: yo obsesionada con cambiarlo, él huyendo del compromiso. A nivel inconsciente él amenazaba con el rechazo y la exclusión, y yo lo amenazaba con el abandono. Considero que mi primer matrimonio fue mi gran enseñanza de vida y un gran regalo. Me dejó tres maravillosos hijos, los cuales son seres humanos increíbles, fuertes, resilientes y talentosos. Además, me llevó a mi camino de vida, que es el desarrollo personal y la psicoterapia. Yo no sería hoy quien soy si no hubiera vivido todo lo vivido.

Recuerdo que cuando estaba estudiando un entrenamiento de pareja, la instructora nos invitó a hablar sobre nuestra biografía de pareja. Al narrar la mía, me dijo: "Me pareces muy inmadura en el tema del amor". En ese momento me cayó muy mal, pero tuve que reconocer que tenía toda la razón. En el fondo yo siempre había anhelado una buena relación de pareja, así que me di a la tarea de sanar lo que hubiera que sanar, formarme en el tema, ya sea tomando cursos, terapia y leyendo. He tenido la fortuna de entrevistar a grandes autores expertos en el tema, tales como Jorge Bucay, Antoni Bolinches, Ramiro Calle, Patricia Faur, entre muchos otros. Esto me ha dado un bagaje de información importante que pongo a tu disposición.

Después de mi divorcio tras 20 años de matrimonio, comenzó un periodo de mi vida de mucho crecimiento, donde tuve parejas maravillosas de las llamadas "de entretiempo" que me fueron aportando mucho conocimiento acerca de mí, de las relaciones y sanando mi alma poco a poco. Tuve una recaída en mi dependencia afectiva que me llevó a reconocer humildemente que necesito estar corrigiéndome para no caer en los mismos esquemas disfuncionales de relación. También descubrí cómo dejar de temer a la soledad, la cual es una gran aliada y es maravillosa, tanto así que me engolosiné con ella y ya no quería volver a vivir con alguien. Defendía mi soltería a capa y espada: me volví novia fugitiva, con un gran miedo al compromiso y a sentirme atada a una relación. Protegía mi libertad decididamente, hasta que un día mi amigo Pepetón me preguntó:

—¿Qué te hace falta?

A lo cual, muy orgullosa contesté:

—A mí, nada...

Me volvió a preguntar:

—¿Qué te hace falta?

—Nada, ¿qué no ves que subo, bajo, vengo, voy? No tengo que dar explicaciones a nadie, me considero plena, tengo éxito, tengo muchos amigos, viajo...

Y él me respondió:

—Bueno, ¿y con quién compartes todo esto que estás viviendo?

Para mí, fue como un balde de agua fría. Ciertamente, mis hijos ya no vivían conmigo, estaba madura emocionalmente, con una buena autoestima, independiente en todos los sentidos. Es decir, estaba preparada para tener una buena relación de pareja, pero evitándola por miedo a perder mi libertad —lo cual es imposible, ya que libres siempre somos—. Recuerdo que me dije a mí misma: "Eli, capaz que ya estás preparada para una buena relación de pareja…".

En uno de los talleres que imparto, llamado *Cómo crear la relación de pareja que quieres*, hago un ritual para atraer a la buena relación. Yo nunca había querido hacer porque en realidad no buscaba una relación. Sin embargo, recuerdo que el 31 de diciembre del 2017 a las 12:00 am (onda bruja, ja ja ja) me realicé el ritual. A los dos días, me di cuenta de que mi amiga Cinthya de la universidad, a quien tenía 26 años de no ver más que en redes, estaba en mi ciudad, por lo que la contacté por Facebook para vernos. Ella se casó con un estadounidense y formaron una pareja extraordinaria, y me llamó mucho la atención su evolución a través de los años, antes de él y después de él. Cada día se veía más joven, radiante, guapa, feliz y plena. Cuando nos encontramos para tomar un café les mencioné: "¡Ustedes me tienen que presentar a alguien!". Y ella me contestó: "¡No me lo vas a creer! ¡Tengo a la pareja perfecta para ti!". Y es así como llegó Eric, mi actual esposo, a mi vida. Con él aprendí a soltar todos mis miedos y a abrirme a la relación en completa vulnerabilidad. Les puedo decir que SÍ se puede crear una relación extraordinaria. Vale la pena intentarlo. Créanme que nunca en mi vida me había sentido tan plena como con este hombre maravilloso. Hemos sabido construir una relación sana y de crecimiento que nos reta a convertirnos en mejores versiones de nosotros cada día.

Te invito a que tú también lo logres: atrévete a sanar tus heridas, tus demonios, tus asuntos no resueltos, para convertirte en la pareja que deseas conseguir y mereces lograr. Espero de corazón que este material sea de utilidad para ti y lo compartas con quienes tú creas que lo necesitan.

Te pido que me hagas llegar tus comentarios acerca del mismo a través de mis redes sociales:

www.elimartinez-seruno.com

 Eli Martínez Ser Uno

 @elimartinezseruno

CAPÍTULO 1

ANTROPOLOGÍA
DE LA PAREJA

> *El amor para toda la vida se inventó*
> *cuando el promedio de vida era de 30 años.*
> *Ahora que es de 70,*
> *¿qué se hace con los otro 40?*
> ÁNGELES MASTRETTA

Para comprender muchos de los factores que estamos experimentando en la actualidad en cuanto a las relaciones, necesitamos saber, en primera instancia, que la pareja ha cambiado más durante los últimos 70 años que en los 3 000 años anteriores. Nos quejamos de que las relaciones ya no son como eran antes, que los divorcios están a la orden del día, que existe demasiada libertad sexual, que ya no hay hombres..., cuando la realidad es que estamos experimentando muchas de las situaciones que se vivieron en el pasado en diversas comunidades y épocas. Sin embargo, la pareja hoy tiene muchísimas más posibilidades de ser exitosa y plena que antes porque nunca había tenido la oportunidad de ser tan libre, con tantas opciones y con una mayor conciencia que en el pasado.

La primera información que tenemos sobre cómo nos relacionábamos proviene de las pinturas, grabados y esculturas de la era paleolítica (2.59 millones de años hasta hace 12 000). Se sabe que era una sociedad matriarcal con un amplio interés en temas como la belleza, sexualidad, el erotismo, el amor y la reproducción. Existía una alta tasa de natalidad porque había una alta tasa de mortalidad, por lo que se priorizaba preservar la especie y hacer a las comunidades más grandes y fuertes. Las mujeres se convertían en madres nodrizas, por lo que se mantenían muy bien alimentadas —hoy podría considerarse con sobrepeso— como símbolo de belleza y salud. Sin embargo, como menciona Rafael Manrique (2009, p. 30): "Tampoco debieron ser tiempos tan fáciles como para ponerse exquisitos...", generó que el hombre neandertal tuviera un cruce genético con alguna otra especie que provocó el desarrollo cerebral que hoy tenemos.

Los hijos eran más de la tribu que de papá y mamá. Era una época de *colaboración*, no de *competencia* como lo es hoy en día dentro y fuera de la pareja. Por tanto, los hijos tenían un sentido de pertenencia a la tribu, en vez de la gran cantidad de hijos huérfanos con padres vivos que pululan en las grandes urbes principalmente. La sexualidad era libre, abierta, sin exclusividad. Los hijos llamaban papá o mamá a cualquier adulto. Esta apertura y variedad sexual anulaba la posibilidad de incestos o abusos sexuales. Tampoco se le daba importancia a la preferencia sexual.

Aunque hoy se sabe que, en muchas tribus, las mujeres también iban a la cacería. Toda la tribu ponía la trampa para los animales o los acorralaban. Cuando se crean las armas para cazar, si bien fue una tarea mucho más sencilla, para las mujeres era muy complicado hacerlo cuando cargaban una cría. Es en este punto donde comienza la división de roles, dedicándose las mujeres a limpiar pieles, recolectar comida y cuidar a la tribu.

En realidad, el gran problema comienza con el sedentarismo y con el surgimiento de la propiedad privada 8 000 años a. C.; es decir, cuando el hombre pudo tener sus animalitos, sus cultivos, y decide no querer transmitir lo que le había costado tanto trabajo al hijo de cualquier otro hombre, sino sólo mantenerlo y pasarlo a sus descendientes. ¿Cuál es la manera de asegurarse de que los hijos que engendra la mujer sean propios? A través de la virginidad de la misma. Curiosamente el hombre sólo estaba dispuesto a proteger a la mujer si estaban seguros de su paternidad, por lo que muchas mujeres ofrecían exclusividad sexual a cambio de comida y protección.

Así, se comienzan a establecer los roles de pareja y la mujer es relegada al cuidado de la casa, los cultivos y los hijos, mientras que el hombre se iba a cazar o a las guerras para obtener más propiedades. ¿Te das cuenta del costo que ha tenido para muchas mujeres toda esta situación? Lo más importante era mantener a la mujer sexualmente exclusiva para el hombre; no fuera a andar de cusca y embarazarse de otro, lo cual representaría que sus bienes fueran repartidos a los hijos de quién sabe quién... Incluso, en épocas posteriores, se llegó a usar el cinturón de castidad en las mujeres.

El hombre, biológicamente y en la parte más arcaica dentro de su ADN, lo que va a priorizar es sembrar semillas para engendrar más hijos; en cambio, lo que la mujer va a procurar es asegurar la sobrevivencia de los hijos y la propia para poder protegerlos, pero también va a buscar a nivel inconsciente a su hombre cavernícola que la pueda proteger y proveer.

La especie se hizo monógama para evitar los infanticidios de los que no fueran hijos propios. Asimismo, la monogamia implicaba menos desgaste de energía y de recursos que la poligamia.

¿POR QUÉ NOS CASAMOS?

La función del matrimonio tuvo más que ver con alianzas económicas, sociales y políticas que con el amor. Estas alianzas ayudaban a que las comunidades se hicieran más grandes, con mayores recursos y garantizaran la paz. Establecer relaciones de cooperación entre familias y comunidades. Era el equivalente a las grandes fusiones empresariales de hoy.

Para S. Coontz (2006, p. 72):

> En la mayor parte de los casos el matrimonio probablemente se originó como un modo informal de organizar la compañía sexual, la crianza de los niños y las tareas cotidianas de la vida. Se hizo más formal y más estable a medida que los grupos comenzaron a intercambiar esposas a través de distancias más amplias.

Matrimonio y divorcio han existido casi a la par, sólo depende del tiempo de que se trate. Incluso en algunas épocas, el divorcio era tan sencillo como cambiarse de ropa.

Los emperadores cristianos trataron de impedir el divorcio ya que significaba pérdidas económicas y de propiedades. El emperador Augusto fue el primer promotor del matrimonio para alentar la natalidad, quien decretó casarse a determinada edad, so pena de castigo.

Alrededor del siglo II, la belleza no era un factor importante para casarse, sino más bien la buena salud y fortaleza para aguantar las largas jornadas de trabajo. Era más bien como contratar a un empleado.

Fue hasta hace 200 años, en el siglo XIX, cuando las personas comenzaron a elegir más libremente con quién casarse quitándole este derecho a la familia, a la Iglesia o al Estado. ¿Pero qué pasó antes de que el amor estuviera vinculado al matrimonio?

Curiosamente en los orígenes del cristianismo, el matrimonio no era algo importante, ya que lo que se primaba era prepararse para el reino de Dios. Sin embargo, en el Antiguo Testamento se menciona como un mandamiento. Por otra parte, desde el judaísmo, el Talmud menciona que las personas necesitaban casarse para no estar poseídas por pensamientos sexuales.

Esto dio pie a la prohibición del divorcio por parte de la Iglesia durante 1 000 años como una forma de procurar la monogamia. Y no sólo eso: también satanizaban la poligamia.

Esto se originó durante el Imperio bizantino en el siglo IV, donde los emperadores escogían a sus esposas ante un desfile interminable de candidatas de todas partes. Asimismo, en algunos reinos era común que el rey tuviera múltiples hijos con varias esposas; sin embargo, esto se convirtió en un problema debido a las batallas que se desataban para heredar el trono. Asesinatos, intrigas, guerras y más provocaron que se comenzara a priorizar el matrimonio con una sola esposa y evitar el divorcio.

En la época medieval, nada de príncipes y princesas de cuento: la realidad es que el amor no tenía nada que ver en sus matrimonios. Es más, como lo explica muy bien S. Coontz (2006, p. 124):

> La larga lista de los actores que participan en los dramas matrimoniales medievales incluía a: los padres, los parientes políticos, los nobles rivales, las esposas secundarias, las concubinas, los hermanos y hermanas, los tíos y los hijos de esposas anteriores o de amantes. La diferencia era que en el medioevo los obispos, arzobispos, papas y reformadores de la Iglesia también exigían tener voz y voto. Cuando lo que estaba en juego era un divorcio o un nuevo matrimonio, los conflictos entre todas las partes interesadas se hacían aún más vivaces. Y hasta era habitual que tales cuestiones se resolvieran en el campo de batalla.

En la Edad Media (500 a 1500 d. C.), la Iglesia cumplió un papel fundamental como intermediario de los matrimonios, fuente de poder e información dentro de los reinos. Lo interesante es que el interés sólo era hacia las clases altas y poco le importaban los matrimonios y divorcios de los plebeyos. Las diferentes clases sociales se fueron convirtiendo a las normas impuestas por la Iglesia, pero, a diferencia de nuestros días, las mujeres tenían derecho en caso de divorcio a un porcentaje de las propiedades.

Otra diferencia es que, en esta época, los clérigos se casaban e incluso el Papa Gregorio capturó y mató a un defensor del celibato sacerdotal, siendo hasta el año 1139 que la ley canónica prohibió los matrimonios sacerdotales.

También es en este periodo donde la mujer es vista como bruja, encantadora de hombres a través del sexo, y se le invita a convertirse en monja para que pueda redimirse.

Es hasta el siglo XII que se prohíbe la poligamia. Las amantes, por ejemplo, no tenían derechos legales ni posición social, así como sus hijos. Asimismo, en ese siglo el Papa Alejandro III instaura como una obligación la celebración del matrimonio ante un sacerdote.

Un dato curioso es que, entre los siglos XIV y XV, la edad promedio de la mujer para casarse era de 26 años; Cinco siglos después, en los cincuenta, si una mujer pasaba de los 20 era probable que no se casara, y a partir de los años setenta, las mujeres comenzaron a casarse cada vez a mayor edad.

En el siglo XIV, el matrimonio se vuelve un sacramento tal y como lo muestra el Concilio de Trento. Para el siglo XV se considera que entre un tercio y la mitad de los europeos adultos eran solteros. Los que se casaban formaban sociedades de trabajo, por lo que procuraban llevarse bien o al menos soportarse para no echar a perder no sólo el matrimonio, sino también los negocios creados.

En esa misma época, los protestantes en Inglaterra se oponen a las políticas católicas sobre el matrimonio y están de acuerdo con que los clérigos se casen, apoyando la huida de las monjas enclaustradas. El problema fue que, al devolver a la vida laica a tantos religiosos, éstos no tenían ninguna preparación para salir adelante económicamente. Por otra parte, se instauraron leyes contra el incesto.

En Alemania, surge la idea de que hubiera testigos de los novios y que requerían el consentimiento del padre hasta los 22 años para las mujeres y los 25 para los hombres. En Francia, esta restricción aplicó para las menores de 25 y los menores de 30, por lo que muchas parejas no pudieron casarse por las limitaciones de padres y autoridad. En esta época, era muy bien visto el hombre casado en el mundo laboral. Además, los hombres eran infieles y las esposas lo daban por sentado.

En los siglos XVI y XVII se empieza a mencionar el amor en la ecuación del matrimonio. William Shakespeare, en *Romeo y Julieta*, es quien nos muestra cómo se concibe el amor romántico como modelo hasta nuestros días, al mostrar la manera en que los nobles se rebelaban a ser objetos de recambio comercial, privilegiando el amor por sobre todas las cosas.

Es hasta el siglo XVII que las parejas comienzan a vivir independientes de sus familias. En el siglo XVIII se idealiza el tema de formar una familia y casarse por amor. El hombre pasa a ser el proveedor y la mujer el ama de casa. Las personas podían casarse más jóvenes porque, al crecer el comercio, tuvieron dinero para poder hacerlo.

Es entonces cuando el matrimonio pasó a ser un contrato privado que no tiene por qué estar regido por la Iglesia o el Estado. En Inglaterra, por ejemplo, hubo una idealización acerca de las esposas, pero eso no hacía en realidad que tuvieran los mismos derechos.

Asimismo, aumentaron las sanciones para quienes tuvieran relaciones sexuales fuera del matrimonio. Se promovía la pureza y castidad femeninas.

Sin embargo, las mujeres no estaban tan indefensas al poder heredar y transmitir sus propiedades. Incluso si tenían los suficientes aliados dentro de las cortes, podían convertirse en una grave preocupación para los maridos.

El matrimonio por amor se comienza a gestar en el siglo XVIII. Es decir, sólo hace 200 años. Pero es aquí donde se empieza a hablar también más acerca del divorcio si el amor no funciona y se promueven más leyes para llevarlo a cabo, ya que hoy se sabe que el amor no es suficiente para mantener una relación de pareja.

En esta época victoriana, se comenzó a usar el vestido de novia blanco debido a que la reina Victoria lo usó el día de su boda en 1840, lo que lo volvió una moda. Hubo una idealización acerca del matrimonio; sin embargo, las mujeres se sentían muy solas encerradas en sus casas, cuidando de los hijos y del hogar. Además, curiosamente, el aborto era algo muy común en esos tiempos.

Por otro lado, los niños eran parte importante de la economía y por eso se buscaba tener muchos para tener más mano de obra. Las mujeres rara vez tenían ingresos propios, por lo que necesitaban casarse para no caer en la indigencia, terminar siendo monjas o en la prostitución.

En la era industrial, en el siglo XIX, con la inclusión de las mujeres en el mundo laboral, aumentó la economía de los países europeos, pero también creció el número de embarazos extramatrimoniales y muchas ejercían la prostitución para poder mantener a las crías o bien las abandonaban por no poder mantenerlas. En esta época, gran cantidad de niños murieron de hambre o descuido en los orfanatos.

En el siglo xix cobran muy mala fama los esposos golpeadores en Europa y Norteamérica, más no así en América Latina donde, hasta el día de hoy, se sigue dando la violencia hacia la mujer y los hijos. A finales de este siglo y principios del s. xx, se necesitó de la presencia de la mujer en casa debido a las largas jornadas laborales en la época industrial.

Al principio del siglo xx se idealizó el amor y las personas comienzan a decidir con quién casarse. También los hombres comienzan a invitar a salir a las mujeres fuera de casa porque podían pagarlo, es decir, es el comienzo de las *citas*. También con el uso del automóvil aumentó el número de embarazos no deseados. Por ejemplo, mi abuela materna le prohibía a mi mamá subirse al coche de los galanes porque decía que eran hoteles rodantes.

La vida en pareja comienza a mejorar notablemente por el disfrute en la sexualidad, pero también porque se comienza a hablar de la importancia de la alegría en la pareja. Asimismo, el aumento en el número de divorcios se extendió rápidamente en todo el mundo. Se puso la relevancia en el matrimonio, el marido proveedor y la mujer en casa con los hijos, lo cual tuvo ventajas y desventajas. Sin embargo, la mujer se quedó más sola al separarse de los círculos de mujeres como imperaba en el siglo anterior.

En ese tenor, el número de matrimonios aumentó y la edad para casarse descendió. Los no casados eran mal vistos por la sociedad. También las parejas comenzaron a vivir en sus propias casas separados de la familia de origen, lo cual ayudó a tener más privacidad y libertad. El aumento de las mujeres en las escuelas y universidades abrió un panorama muy distinto.

Durante la Gran Depresión de 1930 en Estados Unidos, muchos matrimonios no sobrevivieron y otros no pudieron divorciarse porque se necesitaban los ingresos de ambos para sacar a flote a la familia. Esta época detonó un mayor ingreso de las mujeres al mundo laboral. Tener hijos era una necesidad económica también ya que eran mano de obra, aseguraban la herencia y el cuidado en la vejez.

Durante la Segunda Guerra Mundial el número de matrimonios aumentó, así como el número de empleos femeninos, lo que ayudó a la mujer a darse cuenta de cuanto disfrutaba el mundo laboral.

Los años cincuenta se consideran la edad de oro del matrimonio. Tal como lo vimos en muchas películas, comerciales y programas de televisión, el marido es el proveedor y la esposa es una ama de casa ejemplar que cocina, atiende a los hijos, se arregla y recibe contenta a su esposo que llega a cenar para convivir con su familia (el sueño americano). Lo que no se hablaba era de lo que pasaba a puerta cerrada...

En esta época se casaban muchos universitarios o recién salidos de la universidad. Al proliferar los aparatos electrodomésticos, la mujer tuvo más tiempo para darse cuenta de que no se sentía del todo plena, ya que renunciaba a tener una vida profesional si se dedicaba únicamente al hogar y a tener hijitos. Sin embargo, cuando los hijos volaban del nido, muchas volvían a trabajar; de hecho, esto representó un aumento de 400% de mujeres en el mundo laboral. Asimismo, las que no trabajaban dependían del hombre económicamente, por lo que no podían divorciarse tan fácilmente. También muchos hombres sentían la responsabilidad de llevar toda la carga económica como una loza muy pesada. Las tasas de divorcio comenzaron a aumentar.

El fin del matrimonio en esta década era tener una buena vida sexual, tener intimidad, diversión y autorrealización. El divorcio se veía como un fracaso.

En los años sesenta, los esposos comenzaron a colaborar en las labores del hogar y cuidado de los hijos cuando las esposas también trabajaban. Es la primera vez que la mujer empieza a generar sus propios ingresos y a manejarlos. Con ello, toma fuerza el movimiento de liberación femenina.

En los años setenta, era mucho más difícil para el hombre poder mantener él solo a la familia, por lo que fue importante la aportación económica de la esposa. Las personas comenzaron a posponer el matrimonio por invertir en estudios, vida profesional y generación de capital. Empezaron a cuestionarse la felicidad dentro del matrimonio y subieron las expectativas hacia la misma, pero también la capacidad de renuncia a relaciones poco satisfactorias. Los hombres comenzaron a expresar su descontento de tener que ser el único proveedor. Se comienza a volver común la soltería, las uniones libres, el divorcio y tener hijos fuera del matrimonio. El número de divorcios aumenta 100%.

Ya en la década de los ochenta el número de mujeres que trabajaba era casi igual al de los hombres. Después del divorcio, mucha gente decide no volverse a casar y comienza nuevas formas de relacionarse.

En los años noventa muchas personas comienzan a cuestionarse si quieren estar o no casadas, si quieren o no tener hijos, si quieren o no permanecer con una pareja; es decir, se abre el abanico de posibilidades. El número de niños monoparentales también se incrementa de manera dramática. Los salarios de la mujer siguieron al alza. Las mujeres reconocen que se sienten más respetadas por sus esposos por el hecho de trabajar.

Es una realidad que muchas mujeres y sus hijos sufren una gran pérdida económica durante un divorcio. Muchos hombres dejan muy desprotegida a la familia, más en países como México, donde un sistema legal corrupto e ineficiente no ayuda, aunado a una gran falta de responsabilidad masculina. Sin embargo, es fundamental impulsar a la mujer a que estudie y se prepare. En comunidades rurales e indígenas todavía existe la creencia de que la mujer no tiene por qué trabajar, ya que será mantenida por su esposo. Es importante que como padres reflexionemos y les demos las mismas oportunidades tanto a nuestros hijos hombres como a las mujeres.

¿HACIA DÓNDE VA LA PAREJA?

Los cambios que veremos en la pareja llevarán alrededor de dos a tres generaciones, ya que en la medida en que cambiemos culturalmente, cambiaremos dentro de la misma. Esto quiere decir, que aún habrá muchos acomodos y, como ya sabemos, no hay nada definitivo, sino en continuo movimiento.

En la actualidad las personas están optando por casarse cada día a edades más avanzadas, cuando tienen una estabilidad económica y profesional asentada, y hayan desarrollado una vida independiente plena. La mujer, de hecho, a mayor nivel cultural, menor interés tiene en casarse y formar una familia. El matrimonio ha perdido popularidad porque ya no tiene ninguna de las bases para las cuales fue creado y, afortunadamente, ya podemos elegir no casarnos sin tener que pagar un precio social o económico por ello.

El matrimonio está disminuyendo en número. Simplemente en México, de acuerdo con las estadísticas del INEGI, hubo una disminución en el número de matrimonios de un 33.5% con respecto al año 2019 y 50% menos que hace 20 años. Sin embargo, sigue considerándose como respetable y asegura más a los hijos legalmente. Continúa la función original del mismo: ser socialmente reconocido, división sexual del trabajo, pautas de inclusión y exclusión para las relaciones sexuales y normas para la herencia.

Las uniones libres cobran fuerza cada día, pero definitivamente, en muchos casos, son más frágiles que el matrimonio y dejan más desprotegidos a los hijos. Cada vez habrá más hijos nacidos fuera del matrimonio. Los matrimonios y uniones en las personas muy jóvenes se dan en mayor número entre la población con menos estudios e ingresos, y también son las que tienen mayor número de hijos. Asimismo, muchas mujeres están posponiendo la maternidad o, a falta de una pareja, deciden ejercer la maternidad por su cuenta.

Aunque no hay nada escrito, es una realidad que sigue evolucionando rápidamente y está costando trabajo que asimilemos tantos cambios. Las nuevas tendencias indican un aumento significativo de relaciones homosexuales, parejas abiertas, poliamor, parejas múltiples, parejas híbridas (donde uno tiene múltiples parejas y el otro es monógamo), *swingers*, parejas LAT (*living apart together*) donde cada quien vive en su casita, familias monoparentales, solteros, parejas flexisexuales (mantienen relaciones con varias personas independientemente de la orientación sexual), parejas fatuas (donde sólo hay pasión y compromiso, pero no intimidad)... en fin, una gama muy amplia y diferente de relacionarnos. También las relaciones con *sugar daddies* son algo cada vez más comunes; esto quiere decir que hay cada día mayor cantidad de mujeres solteras adultas. La paradoja es que muchos de ellos al paso de dos o tres relaciones fallidas con hijos de por medio, al final se arrepienten de no haber trabajado en su primer matrimonio. También comenzamos a ver el fenómeno de las *cougars*.

Sin embargo, desde mi punto de vista, para la mujer es fundamental admirar al hombre para poder amar. Me pregunto si, en el fondo, pueden admirar a hombres mucho más jóvenes (a menos que sea Macron, ja ja ja) o simplemente es un comportamiento más de ego y solamente placer sexual. ¿Que si es mejor o peor? Me parece que iremos descubriéndolo con el tiempo. Pero a mayor número de posibilidades, mayor responsabilidad sobre nuestras elecciones.

En cuanto a las relaciones donde hay terceros o más personas, yo me pregunto: si es complicado con una sola pareja, ¿se pueden imaginar involucrando a otras personas? En mi experiencia terapéutica es muy difícil que realmente puedan llevar una relación sana y armoniosa; normalmente alguien va a salir raspado... De hecho, tres de cada cuatro parejas que realizan estas nuevas prácticas terminarán separadas en corto tiempo. Ayala Pines (2013, p. 109), quien ha estudiado a profundidad el tema de los celos, concluyó que: "es difícil desaprender la respuesta de los celos, especialmente si vives en una sociedad que anima a ser posesivo y celoso". Y si bien cada uno es libre de hacer con su vida lo que se le pegue la gana, habrá que medir las consecuencias para los involucrados. Sobre todo para los hijos, cuando los hay, ya que si los padres andan perdidos buscando llenar vacíos existenciales a través de conductas de riesgo sexual, las pobres criaturas tendrán una mayor confusión y desviación en el futuro.

Muchos jóvenes están posponiendo el matrimonio por la falta de oportunidades y de recursos económicos. También muchos de ellos están priorizando tener experiencias de vida individuales como viajar, continuar sus estudios, vivir en otras partes del mundo y generar su propia independencia financiera, a los cuales se les conoce como *dinks*, que significa *double income, no kids* (doble sueldo, no niños). Les preocupa el cambio climático y las consecuencias del mismo. Les parece una irresponsabilidad traer hijos al mundo. Esto está provocando un descenso en las tasas de natalidad y un aumento en la adquisición de mascotas.

La realidad es que entre más desarrollada esté una sociedad y exista más equidad de género, las tasas de natalidad tienden a descender e incluso lo estamos viendo ahora en algunos países de Europa, donde las comunidades tienden a desaparecer.

Las mujeres ya no quieren casarse con cualquiera y muchas optan por la soltería. Igualmente, muchos hombres se resisten a ser el que lleve toda la carga económica de la familia. En cuanto a que si las mujeres tienen más dificultad de encontrar pareja entre más inteligentes y preparadas sean, hay una parte de razón y otra que no. A algunos les espanta esta situación ya que se sienten inseguros frente a estas mujeres. Además, a nosotras nos gusta admirar al hombre; es difícil, por tanto, que elijamos a hombres con ingresos o posición menores que nosotras. Aunque también el aumento en las *cougars* —mujeres que tienen relaciones de pareja con hombres jóvenes y que muchas veces los mantienen— va al alza a falta de hombres disponibles.

Para Ivonne Mercado (2020, p. 4):

> De acuerdo con un estudio publicado por el *Sunday Times*, realizado por la Universidad de Nottingham, las mujeres tienen 40% menos de probabilidad de casarse si son exitosas laboralmente y han cursado una licenciatura o posgrado. En caso inverso, se descubrió que los hombres, mientras mayor coeficiente intelectual y estudios tienen, aumenta en 35% la probabilidad de que se casen y busquen a la mujer ideal para ser la madre de sus hijos, una mujer que se quede en casa mientras ellos salen a trabajar. Por lo general, se casan con una mujer de menor coeficiente intelectual.

Por otro lado, los hombres exitosos en su mayoría priorizan a una mujer que se pueda quedar en casa a cuidar del hogar y los hijos (sobre todo en América Latina); sin embargo, a algunos otros hombres les reta que la mujer sea exitosa también, aunque reconozcan que les gusta generar más ingresos que ella. Hoy los roles son más compartidos en muchos matrimonios y uniones libres; no obstante, por el machismo, en muchos hogares la mujer sigue llevando más carga de trabajo que el hombre. Y es una realidad que entre más exitoso sea un hombre, más popular se vuelve entre el sexo femenino y más posibilidades tiene de emparejarse.

John Birgen (2015, p. 8) menciona algo francamente alarmante: "No hay suficientes hombres solteros con educación superior. Por cada cuatro mujeres de mi generación que estudiaron en la universidad, hay tres hombres con estudios universitarios".

Hoy son más las mujeres que están terminando la universidad y que obtienen mejores trabajos (aunque menor pagados) que los hombres. Las mujeres priorizan sus estudios y parte profesional cada día más, son más responsables y dedicadas y eso las lleva a generar mejores oportunidades. ¿Qué quiere decir esto? Es tiempo de que los hombres se pongan las pilas y se comprometan más con su desarrollo personal y profesional con el fin de evolucionar a la par de la mujer.

Otro dato interesante es que, en una población donde hay más mujeres que hombres, los hombres se comprometerán menos en la relación y tenderán a ser más promiscuos. En cambio, cuando el número de varones sea mayor que el de mujeres, los hombres tenderán a cuidar más a su mujer y a sus crías.

John Carney (2015) menciona lo siguiente:

El hecho está en que los hombres exitosos, por lo general, construyen relaciones con mujeres menos exitosas no porque ellos quieran que la chica sea más tonta, simplemente porque ellos necesitan una persona que no ponga su carrera por encima de sus responsabilidades familiares. En resumen, la mayoría de los hombres necesitan que la mujer sea "tonta" tanto que en su lista de prioridades sin pensarlo dos veces ponga a su elegido en primer lugar. Las mujeres inteligentes, por desgracia, no muy frecuentemente logran combinar el papel de una profesionista y una buena esposa. Ellas no están dispuestas a hacer tales sacrificios, mientras que al mismo tiempo otras mujeres pueden dejar todo y hacen todo pensando en su hombre como prioridad. A ellas no les interesa la igualdad de género u otros problemas parecidos, ellas simplemente adoran a sus hombres y los consideran sus salvadores.

Sin embargo, la tendencia de priorizar el individualismo está fomentando la desconexión entre seres humanos, promoviendo cada vez menor tolerancia a la frustración en las relaciones, menor paciencia, menor compromiso y menor entrega: "a como vea, doy", donde se prima al "yo" y no al "otro", o al "nosotros". Esto hace que encontremos relaciones muy pobres, de fácil arranque, pero también de fácil terminación. Relaciones tan desechables como la tecnología o como la comida rápida. También hay un aumento significativo de la soledad (que no es sinónimo de soltería), el vacío existencial, la depresión y los ataques de ansiedad, así como un menor sentido de pertenencia (recordemos que somos seres tribales a quienes nos gusta vivir en grupo). El aumento en los productos unipersonales nos muestra estas nuevas tendencias. Es interesante observar cómo abren más tiendas para mascotas que tiendas para bebés.

Asimismo, un tema que escucho continuamente en terapia, y que incluso experimenté yo misma, es el miedo que invade el iniciar un nuevo compromiso, presente en muchas personas que vienen de hogares disfuncionales o que ya tuvieron sus primeros descalabros amorosos. ¿Cómo abrirse al amor cuando en el pasado lo hicimos y resultó ser un absoluto y doloroso episodio en nuestras vidas? ¿Cómo confiar de nuevo cuando hemos conocido la traición, el desamor, el rechazo, el abandono, la injusticia, la soledad estando en pareja? Las generaciones actuales están siendo el reflejo de situaciones no resueltas en el pasado con familias muy disfuncionales. Esperemos que tengan mayor sabiduría que sus padres a la hora de elegir y desarrollar su vida en pareja. Les quiero decir que sí se puede, que sí hay posibilidad de sanar nuestras heridas y aprender a confiar de nuevo. Es por ello que a lo largo del libro encontrarás herramientas para lograrlo.

De corazón, espero que aprendamos a conectarnos profundamente primero con nosotros mismos, para poder hacerlo con nuestras parejas y formar relaciones mucho más profundas, nutricias e íntimas.

SEXUALIDAD A LO LARGO DE LA HISTORIA

En la época de las cavernas la sexualidad era libre: no existía el pecado, la culpa, el morbo. Tener relaciones sexuales era tan natural como comer o dormir (de hecho, está en la misma escala de necesidades humanas; esto significa que privarse de ellas puede llevarnos a la locura, a la enfermedad o a la muerte).

En cuanto a la sexualidad, Stephanie Coontz (2006, p. 41) señala que: "En un estudio de 109 sociedades, los antropólogos comprobaron que sólo 48 prohibían el sexo extramatrimonial tanto al marido como a la esposa. No era una prioridad como lo es ahora".

Como dato interesante, sólo 10% de los mamíferos son monógamos.

Incluso en la actualidad se sabe de 36 tribus alrededor del planeta que ejercen una sexualidad libre. Por ejemplo, los inuit y los yupik, nativos de Alaska, consienten que sus esposas tengan sexo con los visitantes como muestra de hospitalidad.

Durante la cultura grecorromana existía un fenómeno de representación erótica que se manifestaba a través de objetos cotidianos. En las antiguas Grecia y Roma existía un gran culto a la fertilidad, incluyendo los ritos orgiásticos griegos.

En la antigua Grecia (siglo III a. C.), el amor hombre-mujer no era prioritario. Se consideraba un amor elevado el sostenido entre un hombre adulto y un varón joven, siendo las relaciones homosexuales normales y aceptadas.

En cambio, en Roma (siglo II a. C.), las mujeres tenían mayor libertad de manejar sus propios negocios, cuidar su dinero y tener influencia política. Era un patriarcado y el hombre podía decidir si un hijo al nacer vivía o moría. Se diferenciaba el matrimonio del concubinato, el cual estaba destinado para esclavas o prostitutas.

Durante los siglos XVIII y XIX, debido al cristianismo, se vivió la sexualidad como pecaminosa, siendo su única función la procreación. Disfrutar, sentir placer, explorar, besar y disfrutar el cuerpo de la pareja eran una completa aberración.

En el siglo XVIII se condenaba la masturbación femenina ya que impedía las razones del matrimonio: la procreación. Esta condena en realidad perduró hasta hace muy pocos años, al menos en México. Era un tema del cual ni siquiera se hablaba. Aumentaron las sanciones para quienes tuvieran relaciones sexuales fuera del matrimonio. Se promovían la pureza y la castidad femeninas. También se promovía la abstinencia sexual y la abominación hacia el coito.

En el siglo XIX, como consecuencia de lo fomentado en el siglo anterior, la mujer estaba completamente desexualizada, separada del placer y de su cuerpo; pero también lo estaban muchos hombres, quienes se sentían culpables si provocaban a sus esposas, por lo que aumenta dramáticamente el acostarse con prostitutas. Por ejemplo, la frigidez se consideraba una cualidad. También en este periodo se empiezan a llevar a cabo los viajes de boda, donde muchas mujeres sufrían de una gran angustia, sufrimiento y repulsión. Los hombres, como método anticonceptivo, procuraban no eyacular dentro de sus esposas, pero tampoco disfrutaban. La vida sexual comenzaba a edades muy tempranas, pero afortunadamente esta situación cambió a finales de siglo. Es muy interesante ver cómo era satanizado el sexo con la pareja, pero era más experimentada la homosexualidad, ya que eran bien vistos los grupos de mujeres o de hombres con quienes había un gran desfogue de sus pasiones. La consecuencia más grave de esto era que, al no haber intimidad sexual, tampoco había intimidad relacional. Fue aquí donde los doctores quitaban la histeria a las mujeres dándoles masajes pélvicos o yendo a centros de hidroterapia para recibir descargas de agua. Hubo también un aumento desmedido de la pornografía y enfermedades venéreas.

No fue sino hasta el siglo XX que se empezó a hablar de la importancia de una vida sexual placentera y sana para mantener al matrimonio junto. Las mujeres comenzaron a salir solas, a divertirse. Se pusieron en tendencia los centros nocturnos, los bailes, y surgieron los primeros métodos anticonceptivos que favorecieron la revolución sexual. El sexo se puso de moda y se creía que el éxito o fracaso de un matrimonio dependía de su vida sexual. Muchas mujeres fueron presionadas para tener relaciones sexuales con su marido si querían ser consideradas una "buena esposa".

En los años cincuenta hubo un aumento en la sexualización de las personas. Salió al mercado la revista *Playboy* en 1953 con un éxito desmedido y surgió la primera muñeca con cuerpo de mujer, la famosa *Barbie*.

En los años sesenta, con la proliferación de la pastilla anticonceptiva, se favoreció la libertad sexual y cayó el número de embarazos, permitiendo que las mujeres pudieran trabajar y disfrutar de su sexualidad sin el temor a quedar embarazadas. Fue la revolución sexual porque disminuía el riesgo de un embarazo, con lo que ello implica. También se abrió la diversidad sexual y aumentó significativamente la infidelidad, especialmente la femenina.

En la actualidad, mujeres y hombres pueden ejercer una sexualidad mucho más abierta, lúdica y enfocada al erotismo, intimidad y conexión; desgraciadamente los medios de comunicación han colaborado para genitalizar la sexualidad y ver como un objeto a la mujer. La lluvia de información distorsionada de la industria porno, televisión y música está llevando a las personas a tener una sexualidad pobre, que las deja más vacías y que las pone en mayor riesgo de enfermedades de transmisión sexual y embarazos no deseados. En este sentido, me parece que tenemos mucho que hacer para contribuir a un mayor conocimiento de nuestro cuerpo y de lo sagrado que puede ser un encuentro sexual.

Las opciones han aumentado significativamente, como lo estamos viendo, cada día más. Estamos en el proceso de definir a la nueva pareja y esperemos que sea mucho más funcional que en el pasado.

LA DESVENTAJA DE SER MUJER A LO LARGO DE LA HISTORIA

Es muy triste e impactante reconocer cómo a través del tiempo en muchas culturas, la mujer ha sido abusada, sometida, controlada y nulificada por los hombres. Han existido culturas donde por ley el hombre puede azotar, arrancar el cabello, golpear, mutilar, violar, cortar las orejas, encerrar o hacer lo que quiera con su pareja. Asimismo, en muchas culturas las mujeres fueron despojadas de sus bienes, los cuales inmediatamente, pasaban a ser administrados por el marido.

Por poner un ejemplo, en la generación de los *baby boomers*, muchas mujeres no tenían idea de cómo administrar su dinero o generar sus propios ingresos. Afortunadamente los tiempos cambiaron y hoy pueden trabajar. Porque, nos guste o no, de dignidad no se vive.

Por ejemplo, ¿sabías que en el sur de India las niñas de dos o tres años ya podían ser casadas? Y cuando tenían la madurez sexual, ¿comenzaban a tener relaciones con el esposo y con los hermanos de él?

En los casos de adulterio femenino, es bien sabido que hasta el día de hoy tiene más consecuencias negativas que para el hombre. Mujeres desterradas como en la antigua Roma, apedreadas en los países árabes y algunos de África. Quitarles a los hijos, repudiarlas, quemarlas o exhibirlas en público han sido prácticas comunes, mientras que la infidelidad masculina sigue siendo una práctica que se lleva a cabo casi sin ninguna consecuencia.

A diferencia del pasado, donde la mujer y las crías eran protegidas por toda la comunidad, en la actualidad muchas están solas y sin apoyos de ningún tipo. Al tener que salir a trabajar para dar de comer a sus hijos, muchos de ellos crecen sin una guía y están expuestos a todo tipo de riesgos, desde abusos sexuales, incestos, adicciones, maltrato, embarazos no deseados, conductas de riesgo y múltiples carencias afectivas. Estas madres están agotadas y no disponibles física o emocionalmente para ellos. Me parece que estamos en un momento revolucionario para la pareja y el sistema familiar, donde necesitamos, como en la antigüedad, volver a protegernos entre nosotras y a nuestros hijos, a COOPERAR y a formar redes de apoyo. Los hombres, como veremos a continuación, si bien algunos están evolucionando, todavía tienen mucho por hacer y es una invitación para que también se conviertan en mejores versiones de sí mismos. Salir del patriarcado, que viene desde 10 000 años atrás, no es sencillo y seguro tomará todavía un tiempo. Sin embargo, cuando se logren relaciones más respetuosas e igualitarias, será cuando se acabe tanta violencia y vínculos sin sentido.

AMOR POR INTERNET A LA MEDIDA

Nuestra sociedad da muchas facilidades para hacer el amor,
pero muy pocas para enamorar.

Antonio Gala

Un estudio de 2017 realizado por los sociólogos Michael Rosenfeld y Sonia Hause, de la Universidad de Standford, y Reuben Thomas, de la Universidad Estatal de Arizona, señala que 39% de las parejas heterosexuales y 60% de las homosexuales se conocieron gracias a internet, a diferencia del año 1995 donde sólo era 2%.

Cada día es mayor el número de aplicaciones para conocer pareja. Las hay populares entre los jóvenes como Tinder y Bumble, hasta sitios de citas verdaderamente especializados como soulmatch.com para personas espirituales, Ashley Madison para personas casadas, Millionaire Mate por si quieres conseguir una persona millonaria o sugardaddy.com por si eres chavita en busca de ser FM (felizmente mantenida). También está el reciente lanzamiento de Stir para los que tienen hijos, u otras muy populares como OkCupid y Hinge. Es decir, hoy estos sitios de internet están abriendo las posibilidades de conocer personas de todo el mundo, las 24 horas los siete días de la semana, 365 días del año. También están las agencias de *matchmaking*, como 6 grados en México y muchas en el extranjero, donde el proceso de selección es más cuidadoso. ¿Cómo no sentirse perdido en este mar de personas potenciales que conocemos cada día?

Siempre existe la fantasía de que podemos encontrar a alguien mejor, razón por lo que las personas se convierten en desechables. Por ello, la gestión del deseo es tan importante. Siempre va a haber alguien más guap@, más deseable que mi pareja. Sin embargo, ¿cómo construyo? Si sólo es con base en la foto que veo en internet, es muy difícil construir un buen amor. Es muy fácil mentir en internet y también es muy fácil que te cachen. Mi opinión es que, como todo, si tienes el nivel de madurez, seguridad y autoestima suficiente, estarás menos expuesto a sufrir un descalabro.

La ventaja es que puedes conocer a una persona lentamente a través de la conversación antes de pasar a conocerla físicamente. La desventaja es que se pueden crear muchas expectativas e incluso caer en una adicción a conocer personas por internet, así como, paradójicamente, una sensación de vacío y soledad ambigua, donde conectas con miles en este consumismo romántico, pero no te vinculas con verdadera conexión e intimidad.

Asimismo, fenómenos como el *ghosting*, donde hoy eres el amor de su vida en internet y mañana ya estás bloquead@ porque apareció alguien nuevo, deja mucha inseguridad, frustración, impotencia e incluso puede tocar heridas fuertes como el rechazo, la traición y el abandono.

Otro factor interesante es el aumento de la infidelidad a través de medios electrónicos. ¿Hasta qué punto se considera infidelidad? Para algunos los simples coqueteos no significan que lo sea, para otros sí. ¿Cuáles son tus valores con respecto a este punto? ¿Los has platicado con tu pareja? Te recomiendo que lo hagas para evitar sorpresas posteriores. Hoy se considera prueba de amor cancelar las páginas y aplicaciones de citas cuando ya se está en una relación.

Yo he tenido la fortuna de conocer a muchas parejas que se han hecho a través de internet con gran éxito, pero también están los que son estafadores o incluso peligrosos (trata de blancas y prostitución). Definitivamente, me parece que necesitamos adaptarnos a la nueva realidad, sobre todo los adultos, pero con las precauciones que esto conlleva y comprender que las relaciones buenas requieren de cimientos que sólo da el tiempo y no se deben tomar a la ligera.

Luciano Lutereau (2021) sostiene que las aplicaciones al estilo Tinder están principalmente diseñadas para varones, que facilitan en demasía el erotismo viril y son de mucha vulnerabilidad para las mujeres.

> Pasamos de una sociedad en la que la mujer era un objeto de deseo a una sociedad como la actual donde la mujer es un objeto, ya no de deseo, sino de consumo erótico. No hay nada más impune que el chat, en el chat más que de amar de lo que se trata es de poner a prueba el deseo y en todo caso de mostrarse deseable.

Y añade: "Al menos para los heterosexuales, la potestad de decidir si se produce el encuentro es del varón, antes era una potestad femenina".

Otro tema interesante es el uso desmedido de internet en las parejas establecidas, donde más temprano que tarde estarán desconectados de manera definitiva, tal y como lo podemos ver en los restaurantes con parejas que no platican por estar metidas en el celular. Me pregunto en ocasiones, ¿por qué si tanto anhelamos una pareja, cuando la tenemos no la cuidamos? ¡¿No es patético cuidar más al celular?!

Sugerencia: no busques pareja en internet si estás urgid@ o si no tienes madurez y autoestima suficiente, porque te comenzarás a contar las mentiras que más te gustan...

AMOR A LA SEGUNDA VUELTA

Para un niño, tener dos hogares es como tener dos nacionalidades: resulta sumamente ventajoso salvo que los países entren en guerra.

EMILY Y JOHN VISHER

Darnos la oportunidad de abrirnos de nuevo al amor después de una ruptura es un paso que no debe darse a la ligera, pero que tampoco tiene que darnos miedo; lo importante es haber hecho bien nuestro proceso de duelo y no aceptar al primero que se aparezca en el camino por miedo a la soledad. Cuando se elige con la madurez que aportan los años y las pérdidas, muchas veces se hacen mejores elecciones que nos llevan a mejores relaciones. Sin embargo, seamos realistas: la mayoría de nosotros llegaremos con una historia, con un pasado, pero también con una familia. De ahí la importancia de que hablemos de las familias ensambladas.

Necesitamos entender que estos amores ya vienen de la pérdida de una relación primaria, la mayor parte de las veces con hijos de por medio. Y, seamos honestos, si a veces hasta nuestros hijos nos caen gordos y nosotros a ellos, se pueden imaginar la complejidad de ensamblar a dos familias... Se considera que puede tardar hasta siete años el proceso. "Los tuyos, los míos y los nuestros" puede sonar como algo muy lindo y con buenas intenciones, pero se puede volver algo sumamente complicado. La pareja se elige, pero a los hijos normalmente no se les pregunta y se les impone una nueva familia, una casa con nuevas reglas y rutinas, pero con un extraño, que encima de todo se espera que amen y, si tienen hijos, también a sus hijitos...

Así como hay madrastras o padrastros del terror, también hay hijastros del terror y hermanastros del terror. Necesitamos entender que no es una obligación amar a la familia de la pareja; requiere tiempo, paciencia y sabiduría para vencer los obstáculos.

También existen familias que comparten valores y estilos de vida para las cuales puede ser más fácil la adaptación. Influye mucho la edad de los hijos, ya que con niños pequeños serán problemas diferentes a cuando hay hijos adolescentes o cuando ya son más grandes. También dependerá de la situación económica de ambos, ya que no es lo mismo mudarse a una casa para ahorrar gastos a que cada quien viva en su casa o que los hijos ya vivan aparte. En mi humilde opinión, si se quieren ahorrar broncas, yo sugiero que cada quien viva con los propios hijos y mantengan una relación de novios eternos hasta que ellos vuelen.

Es importante entender que cada familia originalmente tiene una mamá y un papá (estén vivos o muertos) que necesitan tener su lugar dentro del sistema, ya que muchas veces se les excluye. También se suele olvidar que siempre deberán ser primero los hijos antes que la pareja. He visto muchas veces cómo en cuanto forman pareja se desentienden de sus hijos... Es una tristeza ver a tanto hijo huérfano de padres vivos.

También son normales las alianzas. Por ejemplo, uno de los miembros de la pareja con sus propios hijos, excluyendo a la nueva pareja. Otro factor es el peso de las historias pasadas como familias, las cuales serán muy diferentes, haciendo sentir excluido al que no formó parte de ellas en muchas ocasiones.

Otro problema grande es cuando las exparejas no entienden que ya son eso, *exes*, invadiendo a la nueva pareja continuamente con el pretexto de los hijos.

Por otro lado, cuando los hijos son menores de edad, es posible que se generen problemas por las visitas o temas de manutención. Para los hijos puede ser muy confuso el cambio de reglas, rutinas y estilos de vida de la casa de uno de los padres a la casa del otro.

Aunque los hijos tienen mayor peso sistémico en relación a la nueva pareja, es importante que ésta última tenga tiempo para ser consolidada, ya que la calidad de la familia dependerá de la calidad de la relación. También es importante que la madre o padre biológico le dé su lugar a la nueva pareja frente a los hijos y le permita colaborar en la crianza.

Lo más importante es generar un clima de respeto en el nuevo sistema para que poco a poco se acople cada uno de los miembros, el cambio de roles, las rutinas, los espacios y los límites de contactos. Asimismo, crear un ambiente de confianza para hablar de las necesidades particulares, donde se sientan comprendidos y no juzgados, permitirá que todo se vaya solucionando. Sin embargo, cuando la dignidad y los valores estén en juego, se necesitará poner especial atención en ello.

CAPÍTULO 2

CÓMO AFECTA EL ÁRBOL GENEALÓGICO A LAS RELACIONES DE PAREJA

La mayor parte de nosotros pensamos que nos unimos conscientemente con nuestra pareja. Sin embargo, es sabido que en realidad lo hacemos con base en nuestros programas inconscientes, donde la mayoría proviene de nuestro árbol genealógico. Lo importante es ver a la pareja como una escuela de vida y de crecimiento. En este sentido, Bert Hellinger, el creador de las *constelaciones familiares*, menciona cuáles son los obstáculos que nos impiden generar estas relaciones de pareja en muchas ocasiones, pero sobre todo los beneficios de sanar nuestras historias para poder generar parejas más sanas donde la energía de vida y el amor fluyan libremente.

A continuación, te comparto el testimonio de Claudia:

Cuando yo tenía unos 14 años, mi abuela materna, quien nunca se acercaba a platicarnos acerca de su vida, se sentó en mi cama (no en la de mis hermanas) y me comenzó a contar toda su historia de pareja. Ella se casó con mi abuelo, quien fue un hombre muy guapo, simpático, proveniente de una familia de alcurnia y de mucho dinero; sin embargo, también era mujeriego, hijito de mamá, junior, irresponsable y alcohólico; se gastó dos herencias y se casó con mi abuela ya grande, pero continuó con su vida de soltero; como ya se había acabado el dinero, fue mi abuela quien trabajó muy duro para sacar a los hijos adelante, hasta el punto de mermar su salud física. "Daba mucho y recibía poco o nada". En esa ocasión me dijo: "Nunca te obsesiones por un hombre".

Por otro lado, mi madre siempre me decía que luchara por el amor de mi vida, ya que ella se casó con mi padre por despecho de un amor no correspondido, Federico, quien fue parte de nuestra historia, ya que se la vivía hablando de él. Es decir, tenía una lucha interna: hacerle caso a mi abuela o a mi madre. Eso para mí fue un tormento durante muchos años, pues si le hacía caso a mi madre era como traicionar a mi abuela y si le hacía caso a mi abuela era como traicionar a mi madre. ¿Y a quién creen que le hice caso? Pues a mi madre, luché por el amor de mi vida según yo, lo cual en realidad era obsesión disfrazada de amor. Me casé con un hombre alcohólico, mujeriego, junior, hijito de papá (no de mamá en este caso) y de mucho dinero. Se perdía por días (igual que mi abuelo), por lo que me puse a trabajar muy duro para sacar a mis hijos adelante, igual que mi abuela. Me deprimí; comencé a ir a terapia, me recuperé, me divorcié y me volví a enamorar de un hombre con las mismas características de mi abuelo por segunda vez. Todavía no caía en cuenta de que en realidad yo no estaba eligiendo a mis parejas libremente, ¡sino que estaba repitiendo la vida de ella como gota de agua!

Gracias a la constelación que hice con Eli, me pude dar cuenta de que tenía lo que se llama una *identificación con mi abuela* y desde entonces aprendí a relacionarme con otro tipo de hombres: buenos, cariñosos, generosos, hasta que conocí a mi actual esposo que es maravilloso.

También me di cuenta, en otra sesión, de que estaba enojada con los hombres de mi sistema familiar, pues la mayoría habían abandonado a las mujeres, siendo ellas las que tuvieron que sacar adelante a las familias. Era como si inconscientemente les dijera: "Yo sí logré lo que ustedes no pudieron hacer: divorciarme", "a mí nadie me va a ver la cara", "no me van a seguir utilizando", "no los necesito". Era como una especie de berrinche con los hombres que me estaba impidiendo pedir y recibir de ellos. Fue un gran aprendizaje y sanación hacia la historia que les tocó vivir a ellas, pero que no era mía. Aprendí a honrarlas a través de hacer algo muy bueno y diferente en mis relaciones en lugar de repetir su destino o sufrir por lo mismo.

Situaciones como ésta son las que he visto una y otra vez en consulta. Seguramente, muchas veces te has preguntado: "¿Por qué no consigo pareja?", "¿por qué siempre atraigo al mismo tipo de personas?", "¿por qué no logro concretar ninguna relación satisfactoria?", "¿por qué siempre me dejan?", bla, bla, bla... Necesitas revisar tu árbol genealógico, de preferencia hasta la cuarta generación, para comprender cuáles son aquellas situaciones que provienen de tus ancestros y que hoy te están afectando. Es por ello que, a continuación, te proporciono algunos tips y herramientas para que comiences a darte cuenta y sanes tu historia en relación a los temas de pareja. Si persiste el problema, te recomiendo que asistas a una sesión de constelación familiar con algún profesional del tema.

Lo primero que necesitas es revisar las historias amorosas en tu árbol genealógico hasta la cuarta generación: relaciones sanas, abandonos, infidelidad, celos, separaciones, divorcios, personas que nunca pudieron casarse, viudez temprana, amores prohibidos, amantes, matrimonios a muy temprana edad, rechazo, abuso, adicciones, mujeres que tienen que sacar solas a los hijos, hijos no reconocidos, muertes trágicas, depresión, locura... Entre más información consigas, será mejor para ti. También revisa si tienes una fecha de nacimiento o defunción que sea igual a la de algún ancestro o si llevas el mismo nombre. Este esquema básico te dará una primera idea de lo que estás repitiendo o tratando de reparar en tu sistema familiar. Pregúntate, ¿cuál es la característica principal que quieres en una pareja? Sólo una. Seguramente eso es lo que está prohibido en tu sistema familiar.

Las constelaciones funcionan con base en imágenes ordenadas en nuestra mente a partir de la comprensión de un desorden en el sistema familiar. Al poder comprender, podemos formar otra imagen en nuestra mente con la solución al mismo. Bert Hellinger menciona los siguientes aspectos que se pueden dar en la relación y que analizaremos a detalle.

MIEMBROS EXCLUIDOS

Para Bert Hellinger, en todos los sistemas familiares, todos los miembros tienen derecho a la pertenencia, a ser tratados con igualdad y dignidad. Todos tienen los mismos derechos y condiciones; sin embargo, existen miembros que por alguna circunstancia no fueron incluidos o tomados en cuenta como parte del sistema familiar, lo que crea un desorden en el mismo: los apestados (violadores, asesinos, personas que generaron un daño, amantes). En este sentido, lo lógico es pensar ¿por qué habría de incluir a estas personas que causaron algún daño, dolor o vergüenza en mi sistema? Pues porque afectaron de alguna manera al mismo, y es importante aceptar los hechos tal y como fueron.

A nosotros no nos toca juzgar, ya que cada uno tiene que llevar el daño que le corresponde. Al incluir a estos miembros, se generan equilibrio, paz y armonía. También es importante incluir a los miembros que no fueron tomados en cuenta, respetados u honrados: abortos, víctimas de alguien del sistema, exparejas, hijos no reconocidos, abandonos, injustamente tratados o que tuvieron una suerte difícil. Al ser excluidos, algún miembro del sistema le hará un lugar de forma inconsciente repitiendo su destino o representándolo a través de enfermedades o síntomas. Esto es lo que se llama un *amor ciego*. Es muy común observar, por ejemplo, que las hijas se identifican con la amante del padre, repitiendo su historia como una manera de exigir un lugar dentro del sistema. Por ejemplo, una paciente mía, cuya abuela había sido amante de un abogado famoso en el pasado, repite la historia siendo la amante de un abogado famoso y sufriendo por lo mismo.

Si estás representando a un miembro excluido, puede ser a través de tres mecanismos:

1. **Yo te sigo:** cuando hay repetición de una historia. Por ejemplo, en la historia de Claudia, ella repite el mismo patrón de pareja que la abuela.
2. **Yo lo hago en vez de ti:** cuando alguien se sacrifica por algún miembro del sistema. Esto es muy común cuando los hijos ven sufrir a los padres, por ejemplo.
3. **Expiación:** cuando se siente culpa de disfrutar algo que en el sistema familiar no es común. Por ejemplo, si en la familia todos se divorcian, el hecho de que tengas una buena relación puede generar culpa.

Ejercicio: ¿Quiénes fueron o son excluidos en tu sistema familiar? ¿Estás repitiendo la historia de algún miembro? ¿Estás haciendo exactamente lo contrario? ¿Hubo algún aborto antes de ti? ¿Tus padres o abuelos tuvieron amantes? ¿Todas las mujeres o todos los hombres del sistema parecieran que están repitiendo la misma historia? ¿De qué te das cuenta al analizar tu árbol genealógico? ¿Fomentas el odio o rechazo en tus hijos hacia tu pareja o expareja?

ORDEN EN EL SISTEMA

Para que exista armonía en un sistema familiar y la energía de vida y el amor fluyan libremente desde los ancestros hasta nosotros, es necesario respetar el orden dentro del mismo. Esto se da cuando se respetan las siguientes jerarquías: tiempo, función y peso anímico.

1. En cuanto al tiempo:

Primero en tiempo, primero en derecho: la pareja es antes que los hijos. Sin embargo, es muy común ver que en muchas ocasiones uno o dos miembros de la pareja priorizan a los hijos en lugar de la pareja, como podemos ver en el síndrome del nido vacío. En el caso de segundos matrimonios, aunque los hijos tienen un lugar principal en relación con la nueva pareja, muchas veces se excluye a la misma o no se le da el lugar que le corresponde como la nueva pareja. Para ello es importante que el padre o madre de estos hijos les pida ver con muy buenos ojos a la nueva pareja y, cuando son adultos, hacerles entender que cuando ellos tengan pareja, les darán sus bendiciones también. **Las relaciones actuales tienen preferencia sobre las anteriores:** la pareja es antes que los padres y la familia de origen; la pareja actual tiene prioridad sobre las anteriores, siendo el primer vínculo el más fuerte y el último el más débil, pero donde decidimos crear un compromiso mayor dándole prioridad sobre las anteriores. Y como vínculo nos referimos a las relaciones significativas para una persona, hayan sido sexuales o no. Es decir, son más frágiles las últimas relaciones; por eso es importante honrar y dar un lugar a las parejas anteriores, sobre todo si hay hijos. También los hijos son antes que las nuevas parejas, ya que cuando las nuevas parejas no honran a los hijos de una relación anterior a ella, lo más seguro es que se termine la relación.

2. **En cuanto a la función:** se refiere al rol que desempeña cada miembro. Por ejemplo, la función de pareja muchas veces está ocupada por alguno de los hijos en vez de la verdadera pareja o expareja. Esto es común verlo con las princesas de papá o los hijitos de mamá, quienes en realidad muchas veces ocupan el lugar de esposa o esposo simbólicos. También aquí es muy común ver cómo la amante ocupa el lugar de la mujer o mantiene unida a la pareja como veremos posteriormente.

3. **Peso anímico:** se refiere a la sabiduría de algunos miembros del sistema o al valor que le damos a un miembro en particular.

SECRETOS FAMILIARES

> *Lo que se calla en la primera generación,*
> *la segunda lo lleva en el cuerpo.*
> FRANÇOISE DOLTO

Es una realidad que en todas las familias existen secretos, los cuales tienen que ver en su mayoría con sexo o con dinero. Normalmente aquí están amantes o las segundas familias que fueron excluidas, así como amores que nunca se pudieron realizar, abortos, hijos no reconocidos, violencia, embarazos no deseados, violación, incesto, etc. El tema está cuando por un secreto familiar no logramos crear esa relación de pareja tan anhelada, ya que todo secreto conlleva una exclusión, alguien no nombrado, no reconocido, exonerado, exiliado. Para Bert Hellinger, todos los miembros tienen el derecho a la pertenencia.

¿Cómo liberarlos? Primeramente, necesitamos entender que a nosotros no nos corresponde juzgar a nuestros ancestros; simplemente necesitamos honrar su destino tal cual fue, agradeciéndoles la vida que hoy tenemos. Te propongo un ejercicio. Cierra los ojos y visualiza a tus padres frente a ti, detrás a tus abuelos, detrás a tus bisabuelos, detrás a tus tatarabuelos y a todos tus ancestros hasta llegar a la *Fuente*. Todos ellos te ven con mucho amor, como al pequeñ@. Ahora, siente en tu cuerpo dónde se albergan los secretos de tu sistema familiar; los puedes imaginar como bolas blancas o del color que quieras. Después, te vas a imaginar que se los devuelves y les dices:

> Esto se los devuelvo, es su carga y yo ya no la llevo, no me corresponde. El daño que ustedes hayan hecho, sólo ustedes lo tienen que llevar y yo ya no lo cargo, ahora solamente me hago cargo de lo mío; es decir, de mi propia vida. Me libero de estos secretos que no me corresponden y soy libre para vivir mi vida. Aunque no haya conocido a los miembros excluidos que están detrás de estos secretos, yo los incluyo. Ellos forman parte de nuestro sistema: aquellos que fueron tratados injustamente, aquellos que causaron un daño al sistema familiar, aquellos que fueron olvidados y no tomados en cuenta. Los honro y les doy el lugar que les corresponde en nuestra familia. El precio ya ha sido pagado... Y ahora, los dejo en paz y me quedo en paz.

Visualiza cómo tus ancestros se sienten felices de que tú ya no cargues con lo que a ellos les corresponde y les das un lugar a todos estos miembros que fueron excluidos.

EL EQUILIBRIO ENTRE EL DAR Y EL TOMAR EN LA RELACIÓN

En cualquier relación existe un intercambio entre lo que se da y lo que se recibe. Por ejemplo, te invita a cenar una amiga y en reciprocidad tú querrás llevarle un detalle o invitarla la siguiente ocasión. Esto genera una compensación y una sensación de bienestar en la relación. Sin embargo, existen relaciones en la que uno da mucho y la otra parte da poco o nada. Ejemplo de ello son las relaciones codependientes y de abuso.

Por ejemplo, si tus parejas no se quieren comprometer contigo, son novios o novias fugitiv@s, revisa si estás dando de más en la misma. En ocasiones las personas dan muy poco en sus relaciones porque no quieren un compromiso mayor: están con un pie fuera de la relación.

Cuando hay amor en las parejas, hay ganas de dar, y entre más den ambas partes, mayor amor habrá. El gran reto es aprender a hacerlo de manera equilibrada. Joan Garriga (2021, p. 27) señala dos claves importantes en este sentido: en lugar de actuar en modo *te lo doy todo*, es mejor dar lo que me mantiene en el mismo rango que tú. Y la otra, en lugar de actuar en modo *dámelo todo*, es mejor actuar en *dame lo que tienes y eres y que yo pueda compensar para mantener mi dignidad*.

Por experiencia propia, yo daba mucho en mis relaciones, pero daba de más como una manera inconsciente de que me necesitaran. Esto provocaba que no me dieran en reciprocidad y luego me sintiera víctima por no recibir. El aprendizaje fue abstenerme de dar tanto hasta que no se restableciera el equilibrio, permitiendo al otro darme también. Muchas veces el otro te da lo que puede o lo que quiere devolver. Lo interesante del asunto es que, curiosamente, se va el que recibe más porque no puede compensar lo recibido o, peor aún, porque no los dejamos que nos den, siendo una actitud arrogante con un mensaje implícito de "no te necesito", "lo que tú me das no es suficiente o no vale", "quiero que te sientas obligad@ conmigo por todo lo que yo te doy". Desgraciadamente en la cultura latina, las mujeres fuimos educadas por muchas generaciones a ser *buenitas*, sacrificadas y dar y dar hasta vaciarnos; no querer molestar invita al otro a que nos moleste. Esto no es sano y genera mucho resentimiento. También, si no encuentras pareja, pregúntate si no se debe a que das demasiado en tus relaciones.

En oposición están las personas que sólo quieren recibir, las víctimas, ya que como creen que por ellas mismas no pueden satisfacer sus necesidades, son los demás quienes tendrían que hacerse cargo de ellas. La pregunta es: ¿son víctimas si tienen girando a todo mundo alrededor de ellas, solucionándoles todos sus temas?

Ahora bien, cuando hay un daño en la relación, también es importante que haya una compensación de lo negativo que se recibió. Me encanta cómo lo menciona Joan Garriga (2013) en su maravilloso libro *El buen amor en la pareja*: "La venganza con amor". ¿Qué quiere decir esto? Que si te interesa conservar la relación es importante que se devuelva el daño con un daño menor. Esto es muy común, por ejemplo, en el caso de infidelidad. Si hay intención de querer recuperar la relación, les pregunto en terapia: "¿Qué tendría que hacer tu pareja o dejar de hacer para que sientas que hay una compensación? Que te dé esta sensación de justicia: '¡aaah!, ya estamos a mano'". Es muy interesante ver cómo a la persona dañada le cuesta trabajo darse cuenta de esto. En muchas ocasiones, me responden: "¡Pues el otro tendría que saberlo!". Y no es así: el daño consciente o inconsciente te lo hicieron a ti, pero eres tú quien se siente dañad@; por tanto, está en ti decidir cómo tú te sentirías en paz.

Ya sé que muchas veces no es fácil encontrar la solución, pero cuando lo hagas, será posible restablecer el equilibrio. Recuerda que se trata de hacer un daño menor. Por ejemplo, si tu pareja te fue infiel (obviamente depende del tamaño del daño y el número de veces en que fue realizado) y tú como venganza también le pones los cuernos, la relación va a terminar mal. Pero si tú compensas comprando algo caro para ti, poniendo propiedades a tu nombre, yéndote de viaje con tus amig@s, comenzando una actividad que disfrutes y que habías pospuesto, o dejando que ahora sea tu pareja quien se haga cargo de los hijos mientras tú te vas a disfrutar con tus amigos, posiblemente podrán volver a equilibrar la relación. Más adelante hablo más a fondo de este tema que es tan álgido y común en nuestros días.

Es importante entender que sólo hay reconciliación en el alma cuando se ha respondido por el daño causado.

Ejercicio: ¿Sientes que en tus relaciones de pareja das más de lo que recibes? ¿Sientes que tu pareja te debe? ¿Sabes pedir y recibir en tus relaciones de pareja humildemente? ¿O te cuesta trabajo recibir? ¿Cómo compensas con tus parejas cuando no te dan con reciprocidad? Te vengas, te conformas, te resientes, ¿cómo te lo cobras?

TOMAR A NUESTROS PADRES

Es ya sabido que, desgraciadamente, nos relacionamos con base en nuestras heridas de la infancia no resueltas. Gran parte de estas heridas provienen de la historia con nuestros padres. Lo importante es entender que ellos hicieron lo que pudieron con las herramientas con las que contaban y que en el caso de maltrato, abuso, abandono, etcétera, el daño hecho les corresponde llevarlo a ellos. Todo forma parte de nuestro destino y, cuando lo asumimos como tal, podemos superarlo comprendiendo que forma parte de nuestro proceso evolutivo. En este sentido, muchos hijos no pudieron tomar la energía de vida y el amor de sus padres, y pretenden recibirlo de la pareja —lo cual es imposible y no le toca—. Es decir, muchas veces tenemos el cuerpo de adulto, pero en el fondo somos niños clamando amor y aceptación. Es fundamental que si aún tienes algún tipo de resentimiento con mamá o papá, lo sanes a través de terapia o cursos para que puedas crecer psíquicamente para amar como un adulto. También es fundamental que le des permiso a tus hijos de honrar y respetar a tu pareja o expareja. Esto les permitirá poder relacionarse sanamente con una en el futuro. Cuando hay un tema de adicciones normalmente es porque la madre no ha dado permiso para tomar al padre. Ahora bien, si tú estás tratando a tu pareja como un niñ@ en vez de como un adulto, se entra en una relación de desequilibrio.

Es importante que entiendas una cosa: no podrás establecer una relación de pareja adulta si no has resuelto tus temas con tus padres. Para Ingala Robl (2019, p. 21), "el camino para dejar la soltería y tomar al hombre se da a través de la madre, especialmente cuando se trata de una hija".

Debes decirles a ambos desde el corazón: "Me dieron lo suficiente, lo tomo tal y como pudo ser; lo agradezco y sigo mi camino a mi manera" (Garriga, 2021, p. 157).

Ejercicio: ¿Tienes resentimientos con papá o mamá? ¿Haces rabietas constantemente con tu pareja o tienes reacciones desproporcionadas cuando no te da lo que quieres? ¿Te deprimes si tu pareja no actúa como tú quieres? ¿Qué necesitas de tu pareja que no te da? Amor, protección, seguridad, atención, escucha, ser vist@ y tomad@ en cuenta, contacto... ¿estas necesidades son del niñ@ o del adult@? ¿Recibiste el permiso de mamá para tomar la energía de papá? ¿O lo criticaba constantemente y lo acusaba contigo? ¿Recibiste el permiso de papá para tomar la energía de mamá? ¿O la criticaba y descalificaba constantemente?

TOMAR LA FUERZA DEL SEXO QUE TE CORRESPONDE

Un factor muy común en la actualidad es el intercambio de roles en las parejas. Muchas mujeres se encuentran en polaridad masculina y muchos hombres en polaridad femenina. ¿Qué significa esto? Pues que las mujeres son todo terreno, *multitask*; la hacen de carpintero, plomero, mecánico; son aguerridas, fuertes e incluso proveedoras en muchos casos. Y los hombres en polaridad femenina son débiles, emocionales, vulnerables, poco productivos y les encanta que los consientan. Muchos de ellos se quedan a cargo de los hijos y el hogar. ¿A qué se debe esto? A que no tomaron la fuerza que viene del linaje materno o paterno correspondiente —además de creencias que se fueron adquiriendo a lo largo del tiempo—. Una mujer, entre más esté en su polaridad femenina, será más atractiva para un hombre en polaridad masculina y viceversa. Cuando una mujer está en polaridad masculina, atraerá a hombres en polaridad femenina, porque polos opuestos se atraen. ¿Cómo saber si estoy en la polaridad adecuada?

Recuerda cómo están acomodados los novios en el altar. Te darás cuenta de que los hombres siempre van a la derecha de la mujer, ¿o no? Bueno, éste es un simple ejercicio que te puede ayudar. Revisa de qué lado de la cama duermes con tu pareja. Si eres mujer y estás a la izquierda en relación a él, es una buena señal. Si eres hombre y estás a la derecha de tu pareja, es buena señal. Si no, están en polaridades invertidas. También observa las fotos de pareja: si en la mayoría el hombre está a la derecha y la mujer a la izquierda, es buena señal; pero lo más importante es analizar la relación entre ustedes: ¿qué roles ejerce cada quién?

Claro que en una pareja puede funcionar todo, siempre y cuando estén de acuerdo; sin embargo, en mi experiencia, cuando están invertidos los roles son parejas que terminan muy enojadas y con separaciones muy dolorosas. ¿Cómo volver a la polaridad que me corresponde? Las mujeres necesitan dejar de resolver todo y permitir que el hombre haga su función reconociéndolo por ello. Las mujeres necesitan reconectarse con la energía de otras mujeres, yendo al cafecito, a clases de manualidades, arreglarse y ponerse lindas, usando cabello largo, etc. Los hombres teniendo sus reuniones con otros hombres (Club de Toby), viendo y haciendo deportes, arreglando cosas, etcétera. Sobre todo, es la conciencia: no es que no puedas como mujer hacer de todo, es que eliges no hacerlo porque cuidas tu energía. En el caso de los hombres, eliges hacerlo porque eso te hace sentir más poderoso frente a tu mujer.

LEALTADES SISTÉMICAS

Se dan cuando repetimos, por amor ciego, las historias de nuestros ancestros. Magui Block (2011, p. 81) define tres pautas para darnos cuenta de ellas. Te pido que las asocies a tus temas de pareja:

1. **Logramos lo que queremos y luego lo perdemos:** podríamos poner de ejemplo que siempre que logro establecer una relación de pareja feliz, pasa algo donde la pierdo. Me cambian de ciudad en el trabajo, se enferma la pareja de gravedad y terminamos. Se muere la pareja.

2. **Luchamos y hacemos mucho esfuerzo para conseguir lo que deseamos y no lo logramos.** Ejemplo de ello es cuando, por más que hago, no consigo pareja o no duro con mis parejas.

3. **Logramos lo que deseamos y pasa algo que nos impide disfrutarlo.** Ejemplo de esto sería que por fin tengo una pareja extraordinaria, pero me siento culpable de que en mi familia nadie la tenga.

Por ejemplo, en un sistema familiar la abuela se casa con un hombre infiel, la mamá también y la hija también. Esto es lo común en el sistema familiar. Sin embargo, hay mucho enojo encubierto por parte de las mujeres del sistema, de tal manera que la nieta quizá repita su historia o quizá, desde su enojo, exija venganza contra los hombres. Esto provocará que sea una celosa y que todo el tiempo desconfíe o que trate de repararlo siendo ella la infiel o que decida quedarse soltera porque "todos los hombres son iguales", por lo que se vuelve novia fugitiva en sus relaciones.

Y es aún más representativo cuando tú estás repitiendo la historia de algún miembro de la familia en particular. A esto se le llama *identificación*, donde tú crees inconscientemente que le haces un bien a este miembro al cargar con su destino o sufrir por lo mismo. Al hacer esto le quitas dignidad, pero lo más grave es que no estás viviendo tu propia vida.

Ejercicio: ¿De cuál miembro del sistema estás repitiendo su historia de pareja? Te recomiendo que cierres los ojos y visualices el tamaño y forma de la carga que llevas de esa persona; es decir, imagina un símbolo o imagen que represente esa carga: ponle color, textura, material y características. Después vamos a realizar un ejercicio de silla vacía. Te vas a imaginar a ti a la edad en la que crees que decidiste cargar con el destino de esta persona y vas a sentarla frente a ti. Con mucho amor y respeto, le vas a decir lo siguiente:

Por mucho tiempo creí que te ayudaba al cargar con tu destino. Ahora veo que esto lo hice por todo lo que te quiero. Reconozco que cada persona es única y diferente y que no puedo ocupar tu lugar (mencionar el nombre o parentesco), ni cargar con lo que sólo a ti te corresponde. Reconozco que para ti es un peso lo que he estado haciendo y te hago infeliz si lo sigo haciendo. Con humildad y amor, te devuelvo la carga que sólo a ti te corresponde. Sé que tienes la fuerza para cargarla y, al devolvértela, también te devuelvo tu dignidad (visualiza, imagina y siente cómo le devuelves la carga y como el otro la recibe con gusto. Revisa tus sensaciones y sentimientos. Inclina ahora la cabeza en señal de que la estás honrando). Te honro y te doy el lugar que te corresponde (mencionar el nombre o parentesco). Ahora dirijo mi energía y mi atención que ya están libres, hacia mi vida y hacia mi propio destino. Por favor, dame tus bendiciones para que me separe de ti y, para honrarte, voy a hacer algo muy bueno con mi vida a través de mis hijos o a través de mis obras, y también (menciona aquí el tipo de relación de pareja que quieres lograr como muestra de que la estás honrando. Te recomiendo que sea clara y detallada). Te dejo en paz y me quedo en paz (Magui Block, 2011, p. 180).

Después, vas a imaginar que este miembro de la familia te ve con muy buenos ojos y te da sus bendiciones si tú logras esto; te da el permiso de lograr esa relación de pareja que quieres.

Ahora bien, en terapia me he dado cuenta de que muchas mujeres en la actualidad no pueden establecer relaciones estables de pareja. Incluso algunas no tienen ni perro que les ladre; es decir, no hay hombres que se acerquen a ellas. ¿Qué pasa? Muchas veces traen lealtad con las mujeres del sistema familiar, en cuanto a que hay memorias de mucho dolor y violencia. Es como si hubiera un mensaje implícito de "No te fíes de los hombres", "todos son infieles", "vas a sufrir", "no puedes confiar en ellos". Es por eso por lo que me permito compartirles una versión basada en un ejercicio que me encanta de Enric Corbera (2014, pp. 117-120):

1. ¿Cuál es la condición —sólo una— que debe primar en tu relación con un compañer@ de viaje?

2. ¿Esta condición es la que normalmente prohíbe el sistema y es una característica de la cual tú adoleces? Por ejemplo, si quieres estabilidad en una pareja, seguramente tú tendrás falta de estabilidad interior y en tu sistema no habrá parejas estables, por lo cual tener una pareja con estas características sería una deslealtad para el sistema, de tal manera que no te fías de las parejas y llevas programas en tu ADN de mucho desamor.

3. Es como si tu madre y las mujeres del sistema te dijeran: "Hija mía, no te cases y no tengas hijos; los hombres son todos infieles".

4. Muchas veces nos sentiremos con una necesidad inconsciente de reparar lo que ellas sufrieron desde un amor ciego. Es como pensar: "A mí no me van a hacer lo mismo los hombres; prefiero quedarme sola".

5. Por ello, te propongo que visualices y les digas a las mujeres de tu sistema con mucho amor, entendiendo que eso fue parte de su destino y no del tuyo:

> Seguro que hay un hombre para mí, sin poner expectativa alguna. Simplemente que venga quien tenga que venir y que dure el tiempo que tenga que durar. Ésa fue su historia y no la mía. Yo ya no reparo más, yo ya no repito más; ahora decido dignificar a las mujeres del sistema a partir de tener relaciones de pareja estables, comprometidas, nutricias, donde haya equilibrio entre el dar y el tomar, amor, respeto y crecimiento mutuo. Vean con muy buenos ojos y denme sus bendiciones si yo logro esto. Las dejo en paz y me quedo en paz.

Y las mujeres de tu sistema te responden:

Vemos con muy buenos ojos y te damos nuestras bendiciones si tú logras esto. Estamos muy felices de que rompas con los patrones que hemos llevado por tantas generaciones. Eres libre para vivir tu vida y nos dará mucho gusto que tengas una relación de pareja estable, comprometida, nutricia, donde haya equilibrio entre el dar y el tomar, donde haya amor, respeto y crecimiento mutuo o cualquier otro patrón que tú necesites.

Inhala y exhala lenta y profundamente varias veces para integrar esto a tu sistema.

PROYECTO SENTIDO

Este concepto, desarrollado por Marc Fréchet, se refiere al proceso que comprende desde nueve meses antes de la concepción hasta los tres años después de la misma, y alude al proyecto inconsciente que nuestros padres tenían para nosotros desde antes de concebirnos. Por ejemplo, si esperaban que fuéramos niño o niña, que siguiéramos la tradición profesional de papá, que nos hiciéramos cargo de ellos y de sus problemas, el rol que íbamos a ocupar en el sistema, etc. De forma consciente e inconsciente, se proyectan en el bebé todos los anhelos, deseos, frustraciones y miedos del sistema. Y seguramente tú te estarás preguntando ¿y qué tiene que ver con mi situación de pareja? ¡Pues mucho!

Por ejemplo, si no fuiste planead@, seguramente tendrás una impronta de rechazo, lo cual provocará que te relaciones con parejas que te rechacen. O si tu mamá le tenía mucho miedo a tu papá porque era muy violento, tú representas hoy ese miedo no queriéndote comprometer con los hombres o relacionándote con hombres violentos. Otro ejemplo muy común es que deseaban que fueras hombre y no mujer, de tal manera que te vuelves muy masculina y tus relaciones con los hombres no funcionan porque ambos están en polaridad masculina. ¿Entiendes? Es importante que trates de investigar cómo fue tu proceso de nacimiento y cómo era la situación de vida de tus padres en esos momentos. Seguramente te darás cuenta de algunos patrones disfuncionales que llevas.

CAPÍTULO 3

TIENES LA PAREJA DE ACUERDO CON EL TAMAÑO DE TU ENFERMEDAD

Desgraciadamente, la toxicidad en las relaciones cada día es mayor, tanto en cantidad como en cualidad. Por ello, analizaremos este tipo de relaciones, que lejos de hablarnos de amor, nos comunican miedo y dolor, así como estrategias de control y manipulación. Son aquellas relaciones donde dejas de ser tú mism@ por temor a la reacción de tu pareja y donde siempre existe algún tipo de violencia o abuso, ya sea físico, emocional, sexual o económico; de las cuales, a pesar del dolor, no se puede salir fácilmente.

En realidad, muchas personas se sienten víctimas de su suerte en las relaciones cuando no es así, ya que nosotros las elegimos y las elegimos por algo; sin embargo, este proceso se realiza con base en nuestros patrones inconscientes y nuestras heridas no sanadas del pasado. Es decir, ¡nada de que somos víctimas! Las atraemos porque algo necesitamos aprender, crecer y evolucionar. Nos relacionamos con el proceso de vida en el que estamos. En realidad, aunque se escuche feo, *el bulto* es lo de menos. Aun las parejas tóxicas que hemos atraído son las perfectas para nuestro proceso consciencial y evolutivo.

De acuerdo con mi experiencia personal y terapéutica, en América Latina tenemos una verdadera adicción al sufrimiento en las relaciones. Pareciera que si no estamos sufriendo, no tendrían sentido las mismas. Lo podemos ver en las canciones, en las películas y en las "taranovelas". De hecho, he de compartir que yo terminé en este camino del Desarrollo Personal por mi manera disfuncional de relacionarme. Resulta que ya era terapeuta y aun así no podía salirme de mi relación tóxica. Fue cuando llegué a Querétaro y entré a estudiar Conductas de Riesgo, donde me di cuenta de que era dependiente afectiva. Les cuento: resulta que la maestra que nos dio el módulo de adicciones nos puso a hacer una dinámica en equipos. Se acercó al equipo en el que participaba y nos preguntó: "¿Ya le pusieron nombre a su equipo?". Yo le respondí que no y ella me miró con una sonrisa socarrona y me dijo: "Ponle a tu equipo: 'porque sufro, crezco'".

Recuerdo que me dio tanto coraje que me dijera eso porque en el fondo sabía que tenía la razón, pues me la pasaba sufriendo porque mi pareja de ese momento no cambiaba. Después hicimos otra dinámica en donde teníamos que visualizar qué pasaba si soltábamos a nuestra relación tóxica. Comencé a hiperventilar, me angustié y le dije a la maestra:

—No puedo respirar.

—¿Qué te pasa? ¿Qué sientes?

—¡No sé, siento un vacío en el estómago, siento que no puedo respirar, el corazón me late muy rápido y siento mucha angustia!

—¿Y qué significa para ti ese vacío? ¿Qué te pasa si sueltas a tu pareja?

—Me quedo sola…

—¡Aaah! Entonces prefieres ese remedo de relación que tienes con tal de no hacerte cargo de tu vacío y de tu soledad.

¡Pufff! En ese momento se me quitó mi hiperventilación y mi angustia. Me di cuenta de que yo usaba a mi expareja para no hacerme cargo de mi vacío existencial y de mi soledad. A partir de ese momento, me comencé a hacer responsable de mí y créeme que es lo mejor que me ha pasado en la vida.

Te cuento mi historia porque, a partir de mi experiencia, observé que había muy pocos terapeutas que supieran abordar el tema. Me especialicé en el mismo y acompaño a muchas personas para salir de sus relaciones tóxicas, por lo cual voy a explicarte en qué consisten la sintomatología, consecuencias y formas de salir de ellas. Aunque consideres que tus relaciones son sanas, te invito a que revises los siguientes ejercicios para verificar si es así para que, en caso de que no lo sean, te recuperes y puedas establecer vínculos más sanos y satisfactorios. En caso de que reconozcas que tienes un problema de adicción afectiva, te recomiendo buscar ayuda terapéutica para poder recuperarte lo antes posible.

Desgraciadamente, hemos vivido en una cultura donde se subliman estos amores tormentosos llenos de pleitos —reconciliaciones, pasión, romance y sufrimiento—. De una vez te informo y que te quede claro: cuando una relación comienza con bombo y platillo con frases como "tú y yo somos uno mismo", "eres el amor de mi vida", "no hay nadie como tú", donde sientes mariposas en la panza, sientes que estás en las nubes... ¡se trata de una relación tóxica!

En ellas se detonan nuestros mayores miedos al cabo de un tiempo y entramos en nuestros vacíos, generando mucha ansiedad y excitación en quien participa en ellas. En cambio, en las relaciones sanas no hay esta ansiedad: hay gozo, hay tranquilidad y hay inteligencia, no nada más pasión desbordada.

Yo era una de esas que no ponían atención en los chicos buenos: me gustaban los chicos *malos*, los populares, exitosos entre las mujeres, mientras los buenos me parecían aburridos y predecibles; es decir, me gustaba la adrenalina. Lo interesante es que ciertamente estas relaciones tienen un componente adictivo por estar entre circuitos de dopamina (recompensa) y adrenalina (pleitos). Es como cuando juegas un videojuego: el subidón de ganar contra la frustración de perder. Por eso estamos: "Me quiere, no me quiere"; "me va a volver a hablar, no me va a volver a hablar"; "le gusto o no le gusto"; "me engaña o no me engaña".

Claro que hay de toxicidades a toxicidades. Finalmente, cada quien se cuenta las mentiras que más le gustan y, en las relaciones de este tipo, la *ilusión* es el verdadero problema: las expectativas formadas acerca del otro, aunque de ilusiones también se malvive. Evidentemente, a mayor grado de sufrimiento, mayor grado de enfermedad. Encontramos desde parejas de amor apache (pleitos-reconciliaciones); a aquéllas que más bien parecen *roomies*, que viven juntas pero no tienen nada en común (ni siquiera el sexo); hasta las parejas con un alto grado de abuso físico y emocional que puede llevar a la muerte. Éstas últimas son conocidas como dependencias afectivas.

LOS DEPENDIENTES AFECTIVOS

La persona codependiente siempre siente que le falta algo,
se convierte en el salvador de un desvalido y en su perseguidor.
MÓNICA PUCHEU

Para Patricia Faur (2013), las dependencias afectivas "son relaciones afectivas que transitan en un estado de alerta y amenaza permanente y que van llevando a un importante grado de deterioro de la salud física y mental". Son relaciones muy dolorosas donde, a pesar de reconocerlo, no se puede salir de allí. En esta dinámica relacional, la persona agredida tiene un enganche emocional tan fuerte con la violenta que no le permite terminar la relación aunque padezca de sufrimientos de gran magnitud, ya sean físicos, morales o psicológicos.

Todo esto funciona como una compensación para recibir una falsa seguridad, comodidad y una ilusión de ser amad@s, donde se desarrollan máscaras de protección para no tocar nuestra vulnerabilidad, el miedo o el dolor que se quedaron intactos en alguna etapa de nuestra vida y que no pudimos resolver.

La relación en sí misma y cada uno de sus miembros acaba por intoxicarse y morir lentamente de manera emocional. Son relaciones basadas en el miedo, la vergüenza, la culpa y la obligación con patrones de toxicidad como celos, agresividad, dominancia, manipulación, desesperación, egoísmo, abuso, sumisión, sacrificio, terror patológico a la pérdida y al abandono, así como una sensación de no existir sin el otro. Una de las partes en la relación gira en torno a la otra porque se siente insuficiente y busca compensar al resolver TODAS las necesidades del otro como una manera de asegurarse de que no la abandonen, aun cuando ello implique transgredir su dignidad, valores y salud física. Esto provoca que muchas veces estén con ellas porque las necesitan, mas no porque las amen. La dependencia afectiva tiene un alto grado de obsesión porque se pretende cambiar el comportamiento del otro o que cubra sus expectativas. Y, curiosamente, lo que desata la obsesión amorosa es el rechazo o la inaccesibilidad al blanco amoroso. Es decir, cuando la pareja amenaza de alguna manera con el abandono, se despiertan todos los demonios interiores porque es una sensación que hemos sentido toda nuestra vida, pero sin resolver. Se construyen figuras mágicas a las que se comienzan a idealizar. El tema está cuando la figura mágica no cumple las expectativas, ya que de alguna manera se lo va a cobrar.

SI ME NECESITAS...

🔒 Si me necesitas, no puedes amarme.

🔒 Si me necesitas, no eres libre y no querrás que yo lo sea.

🔒 Si me necesitas, vivirás con miedo a perderme.

🔒 Si me necesitas, tratarás de manipularme para obtener de mí aquello que crees que te falta.

🔒 Si me necesitas, querrás modificarme hasta lograr justificar tus temores.

🔒 Si me necesitas, necesitarás que yo te necesite y buscarás meterme dentro de la jaula donde anidan tus miedos.

👉 Tú no necesitas necesitarme, porque ya lo eres todo.

👉 Tú no puedes perderme, porque nunca te pertenecí.

👉 Tú no puedes obtener de mí, salvo lo que desde el corazón compartas conmigo.

EL TRAJE DEL PRÍNCIPE A LA MEDIDA

Yo no quiero entrar en tu jaula,
pero ojalá un día tú quieras escapar de la tuya.
AUTOR DESCONOCIDO

Te voy a poner un ejemplo. Imagínate que te enamoras de un cuate y le compras su traje del príncipe azul. Él no lo quiere llevar, pero tú se lo enjaretas a la fuerza. Después resulta que el traje no le queda: en algunas partes le queda grande, en otras le queda chico, se siente incómodo, se lo quiere quitar, pero tú insistes en que es el adecuado para él y le empiezas a hacer remendos por aquí, remendos por allá, le quitas, le pones, etcétera. Finalmente, el príncipe azul, cansado de ese traje, se lo quita y se va... Ésa es la triste historia, ya que el temido abandono amenaza todo el tiempo hasta que se da. Y puede ser físico o emocional porque a lo mejor el bulto está ahí, pero no su energía.

Como te decía, en este tipo de relaciones la sustancia química adictiva es la ilusión. Por ello, se diseña un personaje a la medida de nuestras expectativas —que son el combustible de sabotaje en las relaciones— y **necesidades afectivas no resueltas** en la infancia. El remedio para curar esta ilusión se llama realidad; es decir, atrevernos a ver lo que no queremos ver.

Resuelve estas preguntas: ¿Qué película te cuentas en tu imaginación acerca de tu figura mágica? ¿Qué es lo que se supone que este personaje te va a dar? Escríbelo, porque éstas son tus necesidades infantiles no resueltas. ¿Qué es lo que tendría que cambiar para que la relación funcionara? Esta pregunta muestra claramente tus expectativas. ¿Cómo tratas de controlar la relación para que tu figura mágica cambie? Controlas directamente, amenazas, te victimizas, manipulas, te sometes, haces berrinches, lloras, te enfermas, pagas dinero, te sacrificas —que no es más que otra forma de manipulación—, resuelves, salvas, aceptas cosas que transgreden tu dignidad y valores, castigas con el silencio, etc.

Hoy se le llama adicción afectiva y entra en el rubro de las adicciones comportamentales. Esto quiere decir que, como cualquier adicción, necesitas un proceso de recuperación y puedes tener recaídas. Una adicción se define como: "Cualquier conducta contraproducente que una persona no pueda detener pese a sus consecuencias adversas". Esto quiere decir que aunque la persona se dé cuenta de que está en una relación destructiva, no la puede dejar. Al comenzar el proceso de recuperación, como en cualquier otra adicción, se da el síndrome de abstinencia con altos índices de ansiedad; de ahí la importancia de contar con acompañamiento terapéutico y grupal. La adicción es cualquier cosa que nos ofrece la ilusión de una vida mejor, cuando en realidad está acabando con ella.

Patricia Faur (2014, p. 1) los define muy claramente:

Los dependientes afectivos buscan el amor donde no está. No lo buscan en quienes los cuidan, les dan ternura y los protegen. No lo buscan en el compañero o compañera que da ciertas seguridades de presencia y compromiso, ni en quien quiere un proyecto de permanencia y contratos claros. No. La persona codependiente encuentra su dosis en la pasión. El momento en que se siente el centro del universo es porque ha logrado que el otro, un ser inaccesible, ausente, distante y narcisista, la mire. Siente que le ganó al destino y a su historia.

Un dependiente afectivo hace TODO para recibir migajas de amor y aprobación: no dicen que NO a nada, ni ponen límites por el miedo a perder el afecto. Incluso existe la creencia de que si se esfuerza un poquito más, aun transgrediendo sus propios límites y dignidad, el otro tendrá que quererle y reconocer su amor en algún punto. "Una persona se convierte en la víctima de víctimas cuando su necesidad de ser amada eclipsa su necesidad de ser respetada" (Soler, J. 2015, pp. 31-32).

Este patrón se presenta más en las mujeres que en los hombres, aunque también los hay. Muchas mujeres se esfuerzan para atraer y retener a su figura mágica: la hacemos de nana, mamá, enfermera, chofer, maestra, sexoservidora, banco o lo que se necesite en el momento. Tienen miedo de reclamar y enojarse, ya que corren el riesgo de perder el amor, por lo que sus relaciones son muy asimétricas: dan mucho y reciben poco o nada. El enojo, miedo, culpa y vergüenza con la que viven las lleva a vivir en estrés crónico que, hoy se sabe, es mucho más grave que el estrés agudo, llevando a un importante deterioro de la salud física y emocional. Al estar pendientes todo el tiempo de las necesidades del otro, están completamente desconectadas de sí mismas: no tienen idea de quiénes son, no reconocen lo que sienten y mucho menos lo que necesitan. Les cuesta mucho trabajo pedir y recibir.

¿Cómo saber si estás en una relación tóxica?

1. Si haces cualquier cosa con tal de que una relación no se termine.
2. Cuando nada de lo que haces está bien o es suficiente para el otro, con críticas constantes, descalificaciones, burlas y sarcasmos.
3. Te sientes atraíd@ por personas caóticas, infantiles, adictas o irresponsables.
4. Tus necesidades no son escuchadas o tomadas en cuenta por el otro.
5. Estás obsesionad@ por cambiar el comportamiento del otro o por descubrir si realmente te ama y se va a quedar contigo. Checas su celular, lo has llegado a seguir, lo stalkeas, lo cuestionas, etc.
6. La mayor parte del tiempo estás en estrés. Por ejemplo, cuando tú pareja va a llegar a casa, sientes ansiedad e irritabilidad porque no sabes cómo va a llegar (enojado, contento, borracho...).
7. No te sientes en libertad de ser tú misma; te callas tus sentimientos y necesidades cuando están juntos por temor a las represalias.
8. Tienes enfermedades crónicas como gastritis, colitis, alergias, dermatitis, cistitis, etc.; o síntomas como depresión y ansiedad crónica, dolor de espalda, insomnio; e incluso enfermedades más graves como cáncer, lupus, fibromialgia. Te invito a que hagas un inventario de los síntomas y enfermedades que has tenido a partir de tu relación de pareja. ¿Alguno se ha convertido en crónico?
9. Pensar en terminar la relación muchas veces te genera más angustia que permanecer en ella.

10. Toleras situaciones que dijiste que jamás ibas a soportar con tal de estar en la relación. En este sentido contesta la siguiente pregunta: ¿cómo has transigido tu dignidad y tus valores con tal de estar en una relación y que el otro se quede a tu lado? Y más aún, ¿cuáles de esas cosas en las que has cedido han puesto en riesgo tu salud, dignidad y valores? ¿Cuál es el costo que ha tenido en tu vida?

11. Justificas constantemente los malos comportamientos: "Bueno, no es para tanto", "ya me prometió que va a cambiar", "ya no me pega tanto".

¿CUÁLES SON LAS CAUSAS? LOS NIÑOS-ADULTOS Y LOS ADULTOS-NIÑOS

Washton y Boundy (1991) desarrollaron la teoría de los niños-adultos, en la que los infantes son niños sobreadaptados, que crecen en hogares disfuncionales, donde tienen que madurar para hacerse cargo de otros: ya sea de los padres porque están enfermos, alcoholizados, deprimidos, etcétera; de los hermanitos porque no hay quién les cocina, los cuida, hace de figura parental; o se hacen cargo de sí mismos porque los dejan solos.

Es decir, son niños huérfanos que actúan como adultos, pero sin tener las herramientas. Sienten terror de afrontar situaciones para las cuales no están preparados porque sus propias necesidades no están cubiertas (amor, cuidado, protección, seguridad, ternura, conexión, límites saludables, escucha, atención, respeto, guía, etcétera). Al crecer con tantas carencias, se convierten en adultos-niños: tienen el cuerpo de adulto, pero la psique de un niño herido con todas sus necesidades intactas. Existe una necesidad latente de ser amados, cuidados y protegidos porque nunca lo han sido; de ahí ese vacío, lo cual los lleva a hacer muy malas elecciones de pareja. Hay un anhelo permanente de que alguien se haga cargo de ellos, de que alguien esté ahí para ellos, de ser protegidos, vistos, amados. Aprendieron a hacerse fuertes e hiperresponsables de cuestiones que no les tocaban y llevan esos modelos en la etapa adulta. Son los que pueden trabajar enfermos, cansados, olvidarse de sus necesidades más esenciales como comer, dormir, descansar, ¡no hacer nada! (esto es imposible para un codependiente). Además, son perfeccionistas y duros consigo mismos: aprendieron en la temprana infancia que si se esforzaban un poquito más, iban a obtener algo a cambio, como algo de reconocimiento o de aprobación: "¡Mira qué niña tan buena que te ayuda en las tareas de la casa para que tú puedas trabajar!". Otra característica es la hipertolerancia al dolor: situaciones que una persona con una sana autoestima no permitiría jamás, el adulto-niño sí. Por ejemplo:

—¿Cómo permites que te traten de esa manera?

—Bueno, es que comprende: creció huérfano, por eso se tuvo que hacer rudo en la vida.

Por eso, en el proceso de recuperación se trabaja con darle a ese niñ@ herid@ aquello que no recibió y a sanar el terror con el que lo vivió. En lugar de esperar que venga alguien de afuera a dártelo, aprende a dártelo tú mismo. También se trabaja en cómo contener la frustración de que el otro o la vida no sean lo que tú esperas y sepas poner límites asertivos. En mi experiencia, establecer límites es lo más difícil porque si nunca los has marcado, no tienes idea de qué es eso. Aprendes a colocarte en primer lugar de la ecuación: a priorizarte, a escucharte, a respetarte, a amarte y a cuidarte como te hubiera gustado.

Los padres de estos niños-adultos suelen ser padres abandonadores, adictos, deprimidos, infantiles, irresponsables; es decir, padres que por alguna razón no estuvieron disponibles para sus hijos o no los pudieron cuidar. Recordemos que somos víctimas de víctimas: aquí no se trata de juzgarlos, sino de comprender nuestra historia.

Y peor aún, ¿saben qué parejas nos atraen? Psicópatas, narcisistas, manipuladores, evitativos, ambivalentes, adictos, deprimidos, Peter Pan (el niño que no quiere crecer), ¡pura joya del Nilo! Un dependiente afectivo necesita ser necesitado porque eso le asegura no ser abandonado, y alguien sano no nos va a necesitar.

Lo más interesante del asunto es que la relación, al ser un alterador del estado de ánimo (como el alcohol o las drogas), es un distractor para tapar lo que está abajo: un gran miedo y una gran necesidad infantil. Esto quiere decir que, a pesar de que la relación es dolorosa, es menos dolorosa que lo que está tapando. La recuperación, por tanto, tiene que ver con poder tocar ese dolor y ese miedo poco a poco, conteniendo al niño herido y ayudándolo a crecer psíquica y emocionalmente para que pueda relacionarse como un adulto sano y generar relaciones sanas. En este trabajo, también es fundamental aprender a manejar nuestras emociones para ser capaces de poner límites: escuchar más a la tripa, al cuerpo, lo que nos está tratando de decir cuando el otro me está gritando, amenazando, ignorando... Recordemos que las emociones son del cuerpo y es ahí donde está la clave de nuestro autoconocimiento y de nuestro autogobierno.

Como en cualquier adicción, la recuperación comienza al momento de derrotarnos, comprender que nuestra vida se ha vuelto ingobernable, ser humildes y pedir ayuda. Un dependiente afectivo por sí mismo no va a poder dejar la relación codependiente en la que está inmerso. Además, como cualquier adicción, es progresiva y puede ser mortal. También es necesario aprender a poner límites y a dejar de rescatar a través del reconocimiento de las propias necesidades. Se requiere terapia, trabajo de grupo y trabajo espiritual.

¡Ojo!: espiritual, no religioso. ¿Qué quiere decir esto? Se refiere a encontrar una corriente espiritual que te reconecte con un poder superior: cábala, budismo, sufíes, curso de milagros, taoísmó, meditación.

Necesitamos elementos muy claros para poder salir de una relación tóxica:

1. Aceptar que estamos en una relación que nos hace daño.

2. Abrir los ojos para ver lo que verdaderamente hay y no lo que queremos ver. Ponernos tapones en los oídos para no escuchar lo que queremos escuchar.

3. Aprender a contener la frustración de que el otro no cambie (expectativas) y no me dé lo que en el fondo estoy anhelando para comenzar a dármelo yo. Ejemplo: si lo que yo le solicito a la pareja es protección, yo soy quien necesito protegerme; si lo que pido es atención, yo soy quien necesito ponerme atención; si lo que pido es valoración, quien necesita valorarse soy yo.

4. Sanar el miedo y el dolor.

5. Aprender a poner límites.

6. Contacto cero con mi figura mágica para no reiniciar el duelo constantemente y detonar la ansiedad cuando ha terminado la relación.

7. Formar redes de apoyo que nos permitan sentirnos acompañados en los tiempos de crisis.

8. No legitimar el maltrato y la violencia; hay que dejar de justificar los malos comportamientos.

9. Buscar ayuda profesional.

10. No intentar decodificar, descifrar, traducir o adivinar lo que quiere decir el otro. Si alguien te quiere decir algo, te lo dirá directamente y sin rodeos, silencios o palabras a medias.

11. Algo importantísimo es reconectarse con el placer de vivir para que el niño herido recupere partes perdidas. Aprender a divertirse, a bailar, a reír, a sorprenderse, a darse un espacio para el ocio.

LOS DOS PERSONAJES DE LA CODEPENDENCIA: DEPENDIENTE-ANTIDEPENDIENTE

Como sabemos, una relación se establece entre dos polaridades complementarias, el yin y el yang. Un dependiente se aferra a otro porque siente que muere; en cambio, un adicto a la evitación o antidependiente huye porque siente que si lo alcanzan, se lo van a tragar.

El comportamiento paradójico se da cuando el dependiente, o sea, el que persigue al otro, se cansa de perseguir en algún momento y comienza a abandonar al evitativo o antidependiente; es entonces cuando éste comienza a perseguir a quien lo quiere abandonar. Cuando no están en un polo, están en el otro: son intercambiables y alternativos, pasando de una modalidad a la otra según la tolerancia a la tensión que genere el vínculo. Esto genera lo que se llama *radio-codependencia*, donde uno está emitiéndole su energía al otro. Pero veamos las características de cada uno. En algunos momentos se puede deambular entre la dependencia y la antidependencia, de acuerdo con el tipo de herida que se toque. Este conocimiento se basa en el trabajo de Krishnananda y Amana, y de mi maestra Ofelia Nassar.

DEPENDIENTE	ANTIDEPENDIENTE
1. Terror patológico al abandono y a la privación.	5. Terror al abandono, pero también a la invasión.
2. Les gusta jugar el rol de *buenitos*: son amorosos, buscan el acercamiento y la intimidad.	6. Defiende la libertad, la soledad, la autonomía y la independencia.
3. Su comportamiento es pasivo, obsesivo, manipulador, agresivo, pegajoso, voluble, invasivo, chantajista, intolerante, controlador, culpador, víctima. Su lema es: "Tú viniste a este mundo a hacerme feliz".	7. Su comportamiento es evasivo, indiferente, cortante, con escudos, aislado, autosuficiente. Son los novios fugitivos.
	7. Muchas veces cree que es culpable de lo que le pasa al codependiente y se somete.
4. ¿Cómo sanar?: aprender a contener la frustración de que el otro no sea o haga lo que se está esperando, renunciar a las expectativas para poder ver la realidad. Es decir, ACEPTAR lo que hay. ¿En realidad quieres curarte? Atrévete a ver la verdad.	8. Tiende más a las adicciones o a la espiritualidad (le sirve para aislarse).
	9. Le cuesta mucho trabajo mostrar su vulnerabilidad, ya que siente que si se acercan demasiado lo van a destrozar.
	9. ¿Cómo sanar?: acércate paso a paso al dolor, arriesgándote cada vez más hasta darte cuenta de que no vas a ser tragado por el otro. Deja de hacer concesiones; reconoce que tienes derecho a tu espacio. Pon límites.

LOS SÍNDROMES DEL MAL AMOR

Ya que nos gusta contarnos cuentos, pues hablemos de las patologías amorosas con los siguientes síndromes. ¿Te reconoces en alguno?

1. **Síndrome de Ana Karenina:** basado en la novela de León Tolstói con el mismo nombre, éste habla de las mujeres que se obsesionan a tal grado por el amor de un hombre que las lleva a perder todo, a arriesgar todo, a olvidarse de sí mismas y dar todo por amor. Son relaciones de mucho sufrimiento y sacrificio, donde llegan a deprimirse e incluso enfermar. Al dar

todo —porque en el fondo están muy necesitadas y eso es lo que transmiten: necesidad y carencia—, atraen a hombres que las usan, quienes después pierden el interés y las dejan por una nueva conquista. En el caso del libro, la protagonista llega al suicidio al perder el interés de su amado. ¿Cuánto estás dispuesta a perder tú?

2. **Síndrome de Wendy y Peter Pan:** tiene su origen en el cuento de James Matthew Barrie. En él, se narra la historia de Peter Pan, el niño que no quiere crecer, y de Wendy, una niña que quiere hacerse cargo y maternar a los niños perdidos, incluido Peter; es decir, son mujeres que quieren hacer el papel de mamá de la pareja. Le dicen lo que tiene que hacer, cómo se tiene que vestir, si la obedece lo premia, si no la obedece lo castiga. ¿Qué pasa con estas relaciones? Que Peter Pan va a hacer travesuras: se va a rebelar de Wendy y Wendy cada vez va a estar más enojada y desesperada porque Peter Pan crezca y le dé lo que ella necesita. Además, ¿quién quiere tener sexo con mamá? Es por ello que estos hombres buscarán a la mujer afuera. Si estás en una relación así, es necesario que le entregues la responsabilidad de su vida a tu pareja y que tú te dediques solamente a lo tuyo. Y si Peter Pan no quiere crecer, ¿tú qué vas a hacer?

¿Cuáles son los síntomas de Peter Pan? Alto grado de inmadurez, comportamiento infantil y miedo al compromiso. Normalmente viene de una relación llena de ira y culpa hacia madres controladoras y castrantes. En cuanto al padre, sienten que no cumplen sus expectativas y no pueden recibir su amor y aprobación. Tienen necesidad compulsiva de buscar el placer y huir del dolor, lo cual los lleva a ser propensos a adicciones y a la gratificación instantánea sin tener la mínima tolerancia a la frustración (berrinches). Tienden a ser un tanto hedonistas. Buscan en el mundo virtual evadirse de la realidad. En este sentido, Antoni Bolinches (2016, p. 39) menciona claramente: "el sistema no los ayuda a disciplinarse y además les ofrece infinidad de medios para evadirse, la idea de mantenerse en la infancia debe resultar seductora". Otra característica es una creciente inseguridad sexual frente a mujeres cada vez más seguras de su sexualidad; presentan miedo a no poder satisfacerla, lo que provoca temas de impotencia sexual, eyaculación precoz y disminución en la cantidad de esperma, pasando del modelo del macho alfa al de hombre desorientado.

3. **Síndrome de Penélope:** basado en la canción de Joan Manuel Serrat, que te comparto a continuación.

> Penélope,
> con su bolso de piel marrón
> y sus zapatos de tacón
> y su vestido de domingo.
> Penélope
> se sienta en un banco en el andén
> y espera que llegue el primer tren
> meneando el abanico.
>
> Dicen en el pueblo
> que un caminante paró
> su reloj
> una tarde de primavera.
> "Adiós, amor mío,

no me llores, volveré
antes que
de los sauces caigan las hojas.
Piensa en mí
volveré a por ti...".

Pobre infeliz,
se paró tu reloj infantil
una tarde plomiza de abril
cuando se fue tu amante.
Se marchitó
en tu huerto hasta la última flor.
No hay un sauce en la calle Mayor
para Penélope.

Penélope,
tristes a fuerza de esperar,
sus ojos, parecen brillar
si un tren silba a lo lejos.
Penélope
uno tras otro los ve pasar,
mira sus caras, les oye hablar,
para ella son muñecos.

Dicen en el pueblo
que el caminante volvió.
La encontró
en su banco de pino verde.
La llamó: "Penélope,
mi amante fiel, mi paz,

deja ya
de tejer sueños en tu mente,
mírame,
soy tu amor, regresé".

Le sonrió
con los ojos llenitos de ayer,
no era así su cara ni su piel.
"Tú no eres quien yo espero".
Y se quedó
con su bolso de piel marrón
y sus zapatitos de tacón
sentada en la estación.

Es decir, habla de los amores platónicos, de aquellos donde no se ve a la persona en realidad, sino simplemente la idealización que se tiene acerca de ella. Son relaciones perfectas porque la afectada la edita a su gusto y necesidad, sirviendo como refugio para escapar del vacío y de la soledad, de una realidad tan dolorosa que siente que no la puede manejar. Este tipo de relaciones puede durar años. Yo conozco una persona que vivió más de 50 años aferrada a su ilusión.

4. **Síndrome de Cenicienta:** se refiere a las mujeres que son buenas, sufridas, abnegadas en sus relaciones, que jamás ponen límites y que permiten toda clase de abusos y vejaciones. Esperan que algún día sus sacrificios sean recompensados, lo cual nunca sucede, ya que la valoración no debe depender nunca de alguien externo. Si no te valoras, es imposible que te valoren. Si no te reconoces, es imposible que te reconozcan.

Esto en realidad refleja una muy baja autoestima. También esperan que venga un hada madrina al rescate de tanto sufrimiento, lo cual tampoco sucede. Si no te gusta cómo te tratan en una relación, no es el otro el que necesita cambiar: eres tú quien necesita cambiar y tomar acción.

5. **Síndrome de la Bella Durmiente:** son las típicas evitadoras de las relaciones; prefieren seguir dormidas, tratando de no ver lo que está pasando para no responsabilizarse y tomar acción. No esperes a que el príncipe te despierte con un beso. Aunque duela, ve lo que está, no lo que quieres ver.

6. **Síndrome de Madame Bovary o bovarismo:** se refiere a la insatisfacción crónica de una persona, producida por el contraste entre sus ilusiones y aspiraciones (a menudo desproporcionadas respecto a sus propias posibilidades y la realidad), lo cual las lleva a la constante frustración y exigencia a sus parejas. Nunca están contentas con nada, ni agradecidas; siempre quieren más y más. Atraerán parejas que intentan desesperadamente complacerlas y no lo logran, generando una gran frustración y sufrimiento. Los hombres que tienen parejas de este tipo terminan muy desvalorizados y hartos de ellas.

7. **Síndrome de l@s novi@s fugitiv@s:** mejor conocido como gamafobia, hace honor a la película *Novia fugitiva*, con Julia Roberts, la cual nos habla de una mujer con terror patológico al compromiso por su historia no resuelta del pasado; una mujer que no se conocía, sin una identidad propia y que se convertía con cada pareja en lo que se esperaba de ella. En este sentido, es muy común encontrar personas con un profundo miedo al amor y sus implicaciones. Algunos confiesan que quieren una relación, pero al momento de verse movidos por su fuerza comienzan a sentir mucha ansiedad y huyen

despavoridos. Otros dicen que no están buscando compromiso, como una manera de protegerse para no volver a tocar el miedo y el dolor provocado por experiencias del pasado. Sin embargo, a mí me daría más miedo no arriesgarme a hacerlo...

De amor nadie se muere: te mueres lentamente por no intentarlo. El amor implica riesgo: no hay certidumbre alguna, pero nada en la vida lo tiene. Efectivamente, corremos el riesgo de no ser correspondidos, de ser rechazados y de ser terminados; pero también nosotros haremos lo mismo con otras personas. Todo forma parte del plan mayor de aprendizaje hasta que llega alguien con quien podremos construir una relación profunda. No hay parejas equivocadas; otra vez, lo importante es el aprendizaje. Otro miedo común es a perder el control durante el enamoramiento. Cuando se han sanado las heridas y se está muy contento con la vida, cuando dices "no necesito nada", es cuando te cuestionas si vale la pena volver a involucrarte en una relación, lo cual implicaría riesgo, movimiento y cambio. Y cuando cambias, creces, conoces nuevos lugares: maduras.

Recuerda que sí existen formas sanas de relacionarse. En ellas, dos personas *adultas* deciden crear una relación basada en el respeto, el compromiso, la empatía y el crecimiento mutuo. Los cuentos y novelas reflejan muchas veces estas formas distorsionadas de relacionarnos en pareja. Si es tu situación, te invito a que te salgas de estas historias y te atrevas a crear una relación verdaderamente real.

CAPÍTULO 4

EROTISMO + COMPROMISO = ÁGAPE = AMOR A LA MEDIDA

El arte de enamorar es el arte de mejorar.

ANTONI BOLINCHES

Necesitamos entender que no podremos dar amor a otro ser humano sin antes habérnoslo dado a nosotros mismos, ya que en la medida en que nos amemos, aceptemos y respetemos a nosotros mismos, en esa misma escala, podremos amar, aceptar y respetar a otro ser humano. Esta madurez es la que nos permitirá generar relaciones extraordinarias. También necesitamos comprender que el verdadero amor acepta la verdad y no vive de la ilusión; es decir, un amor sano es curativo porque está expuesto a la verdad, aunque eso implique que el otro no me ame como yo quisiera. La pareja está diseñada para mostrarnos lo mejor y lo peor de nuestra vida; es un extractor de la verdad de ti mismo. Finalmente, recordemos que somos nuestros vínculos. Sin embargo, necesitamos tener claro qué significa construir un buen amor, ése que llegue a ser un movimiento energético expansivo.

A continuación comenzaremos a explorar cómo se llega a amar verdaderamente y desmitificaremos algunas creencias que nos impiden lograrlo. Empezaremos desde que conoces a una pareja, cómo funciona la pasión, cómo se realiza una buena seducción, la importancia de la sexualidad y del erotismo hasta poder establecer una relación a largo plazo de compromiso.

MI ELECCIÓN, MI RESPONSABILIDAD

La elección es el primer paso que permitirá o no el enamoramiento. Cuando conocemos a una persona por primera vez, nuestra mente y cerebro empiezan a hacer un escaneo instantáneo de la persona y sus atributos, empezando por el físico y especialmente la cara. Pero también observamos el lenguaje corporal, las expresiones faciales, el contorno de los labios, el matiz de la voz y los músculos alrededor de los ojos. Nos sentimos atraídos hacia lo físico, lo emocional o cierta personalidad; a nivel inconsciente, nos atraen las personas que representan lo que no resolvimos de mamá y papá y, a nivel energético, atraemos la misma resonancia (nivel vibratorio) que tenemos nosotros.

Sin embargo, más allá del atractivo físico y el flechazo, necesitamos tomar conciencia de que una buena elección de pareja tendrá mejores pronósticos a futuro, mientras que si no hacemos buen casting, los estragos pueden llegar a ser devastadores. En pocas palabras, las parejas que manifestamos en nuestra vida son el resultado de lo que creemos a nivel inconsciente. Estas creencias se desarrollaron en gran medida a partir de lo que vivimos con nuestros padres.

Por ejemplo, Mandy Evans (1990) menciona en su libro *Viajando libremente: cómo recuperarte del pasado cambiando tus creencias* las convicciones que más nos limitan en el tema del amor y, desgraciadamente, muy comunes en la actualidad. Revisa si tienes alguna de ellas:

1. No merezco ser amado.
2. Si supieras cómo soy en realidad, no me querrías.

3. No sé lo que quiero.

4. Hago enojar a la gente.

5. El sexo es sucio y repugnante; hazlo sólo con la persona que amas.

6. Mejor deja de desear; si te emocionas, saldrás lastimad@. Podría fácilmente ser cambiado por: "Mejor deja de amar; si te enamoras, saldrás lastimad@".

7. Si fracaso, debo sentirme muy mal por mucho tiempo y estar muy asustado como para intentarlo de nuevo (y esto lo podemos aplicar cuando hay una ruptura, separación o divorcio).

Y yo añadiría una última:

8. No soy suficiente.

Evidentemente, esto nos lleva a revisar nuestra historia porque normalmente atraemos parejas que representen lo que no nos gustaba de mamá y de papá. Por tanto, te recomiendo realizar el siguiente ejercicio de Gregg Braden (2008, p. 118) para que te des cuenta de tus patrones no coherentes.

Sigue las instrucciones para completar el cuadro e identifica las características positivas y negativas de quienes nos cuidaron en la infancia:

	HOMBRE	MUJER
B (+)		
A (−)		

1. En el cuadro superior (B) haz una lista de las características positivas (+) de tus cuidadores, tanto hombres como mujeres. Puede tratarse de cualquier persona, como padres (biológicos o adoptivos), herman@s, otros parientes o amigos de la familia. Independientemente de quiénes sean, esta pregunta hace referencia a las personas que cuidaron de ti durante tus años formativos, aproximadamente hasta los 15 años.

2. En la parte inferior (A), haz una lista de las características negativas (-) de los mismos cuidadores. Nota: recuerda que debes basar tu lista en tu manera de contemplarlos con la inocencia de un niño.

Ahora continúa con el siguiente paso:

	¿QUÉ ES LO QUE MÁS QUERÍAS Y NECESITABAS DE TUS CUIDADORES?
C	

El propósito es identificar cualquier frustración recurrente que recuerdes de tu infancia. Pueden ser tan grandes o pequeñas como las recuerdes y pueden ir desde no ser escuchado o abrazado hasta desear reconocimiento por tus logros.

	1. TUS FRUSTRACIONES	2. ¿CÓMO ABORTASTE TUS FRUSTRACIONES?
D		

La última parte de este ejercicio está destinado a descubrir tus creencias inconscientes utilizando los recuadros anteriores. Mientras lo haces, por favor recuerda que no hay absolutos.

Para descubrirlas por ti mismo, completa las declaraciones siguientes:

Declaración 1: A veces atraigo personas a mi vida que son [acaba la frase con las palabras de la figura (**A**)]: _____
_____.

Declaración 2: Yo quiero que sean [acaba con las palabras de la figura (**B**)]: _____
_____.

Declaración 3: ...para poder tener [acaba con las palabras de la figura (**C**)]: _____
_____.

Declaración 4: A veces me impido conseguir esto haciendo [acaba con las palabras de la figura (**D-2**)]: _____
_____.

Sorprendente, ¿verdad? Seguramente te habrás dado cuenta de muchas cosas importantes con este ejercicio. Y si quieres ir aún más lejos, haz una lista de las cualidades y defectos de tus parejas importantes para que veas cuáles corresponden a tu historia de vida y puedas cambiar el patrón disfuncional de una relación.

Ahora bien, imagínate una empresa cuando contrata un puesto: requiere del mejor candidato, por lo que hace un proceso de selección riguroso y, si no funciona, lo despiden. Sin embargo, nosotros no hacemos este proceso de selección de pareja adecuadamente; normalmente, nos dejamos llevar por la hormona sin conocer suficiente al prospecto potencial. Como dice Yehuda Berg (2013, p. 68), "contrata lento, despacha rápido".

Antes de elegir pareja, te recomiendo que tengas tu mapa del amor bien claro. ¿Qué quieres de una pareja? ¿Cuál es tu pliego petitorio? Si no lo tienes claro, es muy posible que aceptes algo que a lo mejor no sea bueno para ti. Entre más detallada sea tu lista, más posibilidades habrá de que te des cuenta si la persona que tienes enfrente puede funcionar contigo.

¿QUÉ VALORES, PROYECTO DE VIDA Y ESTILO DE VIDA QUIERES QUE TENGA? ESCRÍBELO. ESO QUE TÚ PIDES, ¿TÚ LO OFRECES?

Muchas veces llegan a consulta mujeres que me dicen: "Bueno, yo quiero un hombre rico, guapo, caballeroso, generoso, educado, etcétera". Cuando les pregunto: "¿Y tú eres independiente económicamente?", muchas me responden que no, que por eso lo quieren rico. Otra vez, "las chanclas andan en pares": necesitas vibrar en lo que quieres atraer.

Procura no basarte nada más en lo físico; más bien, busca que haya atracción y química sexual. También es muy importante que exista admiración mutua y reconocimiento social; es decir, que te sientas orgullos@ a su lado, que te guste presentarl@ en tu círculo social, que tengan proyecto de vida y valores en común. Así te será mucho más fácil identificar cuando alguien, por más atractiv@ que sea, no es adecuad@ para ti.

También es importante que tengas claro para qué quieres o no en este momento una pareja. Si lo que te interesa es pasar buenos momentos con alguien, pero no un compromiso a largo plazo (relaciones de entretiempo) serán menos requisitos que si lo que te interesa es establecerla. Sin embargo, el riesgo es que puedes comenzar a generar ilusiones en una relación en la que supuestamente no había tantas ganas de comprometerse. También es importante que te expreses con claridad siempre con la persona que tienes enfrente; recuerda no hacer lo que no quieres que te hagan. Si buscas algo serio, los estándares necesitan subir. Para Yehuda Berg (2015, p. 125), una regla esencial para las mujeres es escoger a un hombre al cual puedan respaldar. Esto quiere decir que seas capaz de aceptar, respetar y apoyar; si no es así, tarde o temprano lo vas a querer cambiar o lo vas comenzar a pendejear: al no admirarlo, lo vas a criticar, comparar y despreciar, quitándole su poder, lo cual observamos muchas veces hoy en día.

Una vez que ya tienes claro lo que quieres, que conoces a la pareja potencial en cuestión es importante ¡meterle coco! Piensa, no nada más te dejes llevar por el sentimiento, ya que si lo haces es donde puedes salir lastimad@ o arrepentirte de tu elección. Si te das el tiempo de analizar las acciones de la persona, si te checa el audio con el video, si concuerda con tu lista, será un buen síntoma. Si no, ya sabes qué hacer. El amor también necesita ser inteligente. Si el proyecto de vida no es compatible, por ejemplo, no hay nada que hacer: uno quiere hijos y el otro no; uno quiere casarse y el otro no; uno quiere dedicarse a colaborar en ONGs y el otro quiere ser un modelo de Nueva York; como que no checa, ¿verdad? Y, otra vez, eso no va a cambiar: renuncia a convencer al otro de que cambie. Eso no se ve en una cita o dos, ¿estás de acuerdo? Otro tip: ¡pospón el sexo! "Date a deseo y olerás a poleo", como decían las abuelas.

Ahora bien, muchas veces pensamos que tiene que haber una química explosiva para hacerle caso a alguien; sin embargo, la química puede surgir con el tiempo cuando son muy compatibles en lo esencial.

En el proceso de elección, si has tenido varias parejas estables de más de dos o tres años y aún te quejas de tu mala suerte en el amor o te la pasas culpando a tus ex de tu sufrimiento, es porque no tienes madurez afectiva. Y si lo observas en la persona que te interesa, ¿no crees que es un foco rojo? Recuerda que el que no aprende repite, y el que aprende repara.

ERRORES AL MOMENTO DE ELEGIR PAREJA

1. No priorizar tus valores y tu capacidad de poner límites.

2. Para no estar solos, porque te vas a conformar con cualquiera. Recuerda que una pareja nunca puede ser la fuente de la felicidad personal.

3. Para huir de la casa parental.

4. Para que se hagan cargo económicamente de ti (FM: felizmente mantenid@s). Si haces esto, tarde o temprano pagarás el precio.

5. Para no arriesgarte a no encontrar otra pareja. Más vale malo por conocido, que bueno por conocer.

6. Para cumplir expectativas ajenas.

7. Sentir vergüenza de la pareja. Por ejemplo, puede cumplir con todos los requisitos, pero piensas que te van a criticar por algún aspecto: raza, religión, nivel socioeconómico, nivel cultural o diferencia de edades, entre otros factores.

8. Para que no se te pase el tren. Es decir, son las mujeres que ya tienen más de 35 quienes sienten que el reloj biológico se les está terminando, por lo que sus filtros comienzan a ser menos exigentes. Es importante que entiendas que el amor no tiene edad y de nada sirve casarte para tener hijos, para que después ellos paguen el precio de una mala relación.

9. Estar en una crisis personal y querer agarrarte de alguien como tabla de salvación, lo cual te llevará a problemas mayores.

Por tanto, primero necesitas preguntarte: ¿qué tipo de personas te atraen? ¿A quién sueles notar? ¿A quién dejas pasar de largo?

LA ELECCIÓN DE LA SOLTERÍA

Cada día son más las personas que eligen permanecer solteras. Yo me pregunto, ¿será una elección realmente consciente? Habría que revisar desde dónde y para qué se está eligiendo. ¿Es porque no tuvimos buenos ejemplos de pareja y tenemos miedo a mostrarnos vulnerables ante el otro? ¿Es por comodidad y no tener que trabajar en una relación? ¿Es por miedo a sufrir? ¿Es por egoísmo? ¿Es por amor a la libertad de hacer lo que a uno se le pega la gana?

La realidad es que la soltería es un mercado comercial en crecimiento. Los productos unipersonales van al alza —como los *perrhijos*—. Los hombres han perdido a sus cuidadoras y mueren más rápido, mientras que las mujeres son cada día más longevas porque están solteras. Muchas mujeres solteras, muchas personas que se sienten solas: muchas personas que mueren solas. Son conocidos los casos de personas en los países escandinavos que pasan días muertas sin que alguien se dé cuenta de ello. Me pregunto, ¿es evolución o involución? Lo que sí es una realidad es que esta desconexión genera cada vez mayores índices de ansiedad, depresión, suicidio y todo tipo de conductas patológicas. Estamos perdiendo nuestra naturaleza gregaria típica de los mamíferos para convertirnos en seres individualistas, egocéntricos y temerosos de los otros. Las conductas autodestructivas van al alza para muchos. Hoy es más importante *tener* que *ser*.

Si bien hay demasiadas mujeres solteras muy valiosas en relación a los hombres (y otra vez, no es para demeritar al hombre: es una invitación para que se pongan las pilas y crezcan emocionalmente), la decisión de estar solter@s es tan válida como la de emparejarse, tenemos el derecho de vivir de la mejor manera posible para cada quien, siempre y cuando sea para evolucionar convirtiéndonos en una mejor versión de nosotros mismos. Afortunadamente, ya se acabó la presión social sobre la mujer para casarse y tener hijitos como único medio de satisfacción personal. La soltería también puede ser muy gratificante. Lo más importante es tener un círculo grande de afectos (familia y amistades) que nutran tu vida y con las cuales puedas compartir. Eres suficiente y eres perfect@ aun cuando decidas no casarte.

RITUAL PARA CREAR UN AMOR A TU MEDIDA

En la introducción, te comenté acerca de un ritual que hago en uno de mis cursos y que yo también me realicé antes de conocer a Eric, el cual es de probada eficacia para aquellos que quieran atraer una pareja. Sin embargo, es importante que quede claro que siempre atraeremos a la pareja perfecta de acuerdo con nuestra madurez (o inmadurez). Otra vez, es cuestión de resonancia. También lo puedes encontrar en mi página web: www.elimartinez-seruno.com.

1. Lo primero que te voy a solicitar es que tengas tu lista de requerimientos acerca de lo que buscas en una pareja. Céntrate en valores y proyecto de vida más que en el físico.

2. Esto es sumamente importante: ¿cómo te quieres sentir con tu compañer@?

3. Vas a buscar objetos o fotografías de parejas (nadie de espaldas) con la relación que quieres crear. Por ejemplo, si quieres que sea caballeroso, a lo mejor lo podrías representar con una rosa o unos chocolates; si quieres que sea tierno, a lo mejor lo puedes representar con un peluche; en fin, un objeto o foto para cada aspecto que quieras. Entre más objetos y fotos tengas es mejor, porque al universo hay que pedirle muy clarito.

4. Necesitarás una vela rosa o verde esmeralda, ya que estos colores representan al chakra del corazón.

5. Invita a tus amigas o hermanas a realizarlo contigo, ya que entre más energía femenina se mueva es mejor. En realidad, no creo que los hombres vayan a hacer este ritual.

6. Con las velas encendidas y los objetos alrededor, todas se toman de las manos.

7. Leerás la siguiente oración en voz alta, la cual es sumamente poderosa:

> En el nombre de la amada Presencia de Dios Padre, Madre que en mí Yo Soy, convoco a todos mis ángeles, arcángeles, seres de luz, guías espirituales y maestros para que se hagan presentes en este mismo instante y lugar, aquí y ahora y, en perfecto orden con el Universo y con el entorno, traigan para mí: (aquí menciona la descripción de la pareja que quieres que llegue a tu vida con detalle). En sus cuatro cuerpos inferiores y sus siete cuerpos astrales. Gracias, Padre, porque este trabajo está hecho en este preciso instante y lugar, aquí y ahora. Amén.

> PD: no sirve para atraer a una persona en particular. Es decir, si a fuerza quieres atraer al objeto de tu afecto no te será de utilidad.

LA IMPORTANCIA DE LOS SENTIDOS EN EL ENAMORAMIENTO

Por las mañanas, en lugar de levantarte y verte en el espejo a ti mism@,
voltea a ver a tu pareja. El otro es el espejo en el cual
te miras más profundamente.

GUSTAVO FERNÁNDEZ

La vista nos vincula con otros seres humanos: es el primer sentido que utilizamos al sentirnos atraídos hacia alguien y es el que nos mantendrá conectados a la pareja a lo largo del tiempo. Fíjate qué interesante: cuando una pareja deja de verse, es cuando comienza a desvincularse. Esto es típico por ejemplo, cuando nace el primer hijo. Reflexiona, ¿qué hacen los enamorados? Se pueden ver a los ojos por horas y horas como tratando de descubrir qué hay en el interior del ser amado y pueden escucharse sin cansarse el uno al otro. Pero en cuanto nace el primer hijo, los ojos de ambos se voltean en dirección al bebé y dejan de verse entre ellos. A las parejas que llegan con problemas, siempre les recomiendo que se vean mutuamente al menos dos minutos al día hasta volver a reconectarse. Nuestros sentidos son nuestro mayor aliado al momento de seducir: involucrar el olfato, el gusto, el tacto, además de los ya mencionados hará que nuestras relaciones sean mucho más significativas, ya que estamos creando memorias satisfactorias en el otro.

Me impresionó mucho cuando leí a Ramtha (2006, p. 74) que menciona una investigación acerca de Giacomo Casanova, el gran seductor de todos los tiempos. ¿En qué consistía su gran poder?

Era que podía mirar a los ojos de una mujer, y conversar con ella sin retirar nunca la mirada, y nunca mostrar impaciencia, y sostener el momento. Él sabía hacer que cada persona a la que miraba se sintiera única en el mundo. Él seducía la intimidad de la persona, no su cuerpo.

¡Qué belleza!, ¿no crees? Al mirar a otro ser humano, lo estamos afectando. Esto es vincularnos desde el cuarto chakra; es decir, desde el corazón, donde reside el amor, ya que no estamos mirando el cuerpo y pensando en la cama: estamos mirando el alma desde una curiosidad infantil, desde el asombro de ver la grandeza de otro ser humano.

Otro sentido que usamos en el amor es el olfato, en donde la mujer lleva ventaja: a través de él, reconocen el complejo de histo-compatibilidad en el hombre, lo cual tiene que ver con percibir las diferencias en el ADN que se mezclan con los propios, siendo esto una ventaja evolutiva. En cuanto al oído, sabemos que la mujer también lo tiene más desarrollado que el hombre; por eso nos encanta escuchar palabras amorosas de parte de ellos.

En cuanto al tacto y el gusto, los abrazos, los besos, la sexualidad y el baile, ya sabemos que son fundamentales para producir mayor cantidad de oxitocina, la hormona del vínculo y la intimidad. Recuerda: "pareja que baila junta se mantiene junta". Mi maestra Chloe Faith Wordsworth relaciona a la pareja con el baile de salón. ¿Te has fijado quién lleva el baile? El hombre. Pues esto es lo que hace buena la relación: cuando el hombre lleva a la mujer y disfruta de su brillo, sintiéndose muy orgulloso de ello.

NEUROBIOLOGÍA DEL AMOR

Al momento de seducir, también la biología entra en acción: tanto las neuronas espejo como las hormonas. Hagamos un repaso básico del tema.

Hoy se sabe que las neuronas espejo, responsables del aprendizaje en el ser humano, tienen mucho que ver también en el amor:

cuando nos interesa alguien del sexo opuesto, nos llevan de manera inconsciente a querer mimetizarnos con ella como una muestra de interés durante los primeros encuentros. Sin embargo, cuando ya se está en la fase del amor, nuestras neuronas espejo nos permiten tener un conocimiento mucho más profundo de la pareja a partir de reconocer sus sentimientos y anhelos más profundos, lo cual fomenta una mayor sintonía emocional, empatía y reciprocidad; por tanto, hay una mayor conexión. Es lo que conoceríamos como el *ágape*, del cual hablaremos más adelante, ya que es la piedra angular para las relaciones de calidad a largo plazo.

Ahora vayamos a las hormonas:

Conocido por muchos, el trabajo de la doctora Helen Fisher (2017) sobre la química del amor y cómo las hormonas son las responsables de todo el proceso del enamoramiento detalla la función de éstas.

1. **Dopamina:** es un estimulante natural que proporciona sensaciones de plenitud, euforia, cambios de humor, estados placenteros y gratificantes. Esta hormona es la que se produce cuando ganas un juego, por ejemplo. Es sumamente adictiva y es una de las que se produce más en las relaciones tóxicas, ya que queremos otra dosis de euforia. Puede aumentar los niveles de testosterona.

2. **Oxitocina y vasopresina:** crean vínculos emocionales y apego; se liberan durante el sexo y el contacto físico: verse a los ojos, escucha activa, besos, abrazos, lazos de confianza, lealtad, devoción e intimidad. Ambas hormonas propician la monogamia y el amor a largo plazo. A mayor buen sexo, mayor oxitocina, lo que a su vez deriva en conexiones fuertes en la pareja. Es mejor conocida como la hormona del

amor. En los hombres, el exceso de vasopresina es el responsable de los celos y la competitividad excesiva. Otro beneficio es que disminuye los niveles de cortisol que es el estrés negativo.

3. **Testosterona y estrógenos:** participan durante la atracción romántica y el deseo sexual. A mayor nivel de testosterona en los hombres, mayor posibilidad de ser infieles.

4. **Norepinefrina o noradrenalina:** tiene un papel en el placer y los circuitos de recompensa. Produce estados de euforia y reduce el apetito. Provoca sudoración, rubor, taquicardia y nerviosismo (mariposas en la panza).

5. **Opioides endógenos:** principalmente encefalinas, endorfinas y dinorfinas, las cuales actúan como la morfina y se liberan para incrementar el amor y el deseo.

6. **La serotonina y el ácido gamma-aminobutírico (gaba):** surgen por medio del cerebro para elevar aún más el estado de ánimo y producir bienestar. El descenso de la serotonina produce la necesidad de estar con el ser amado. Además, genera optimismo y serenidad.

7. **Endorfinas:** proveen un sentido de felicidad, bienestar y seguridad.

8. **Adrenalina:** es un estimulante.

Para producir oxitocina, te recomiendo los siguientes tips junto a tu pareja:

1. **Abrácense ocho por ocho;** es decir, ocho veces al día durante ocho segundos.

2. **Tomen clases juntos:** de salsa, tango, baile de salón, cumbia o bachata, que son bailes donde las mujeres se dejan guiar.

¡Ojo! No reguetón porque eso disminuye la frecuencia vibratoria al contener mensajes sexuales tan violentos.

3. **Véanse a los ojos diariamente por lapsos de dos minutos.** Dense el tiempo de apagar celular, televisión o computadora y verdaderamente estar con el otro.

4. **Busquen un hobby para realizar juntos:** algo que sea divertido, que no hayan intentado y que estén de acuerdo. No se vale televisión o cine. El chiste es interactuar juntos: ejercicio, boliche, póquer, etc.

¿CÓMO AMAN LOS HOMBRES?

Aunque parezca extraño, los hombres tienden a enamorarse más rápido que las mujeres y, para muchos varones, perder al objeto de su amor puede ser devastador. De hecho, tres de cada cuatro suicidios amorosos son realizados por hombres. Ellos también sufren.

El hombre desarrolló más el aspecto visual que la mujer para observar si ésta estaba preparada para darle hijos sanos. Por eso tiende más a gustarle el cuerpo de la mujer; sobre todo las curvas, ya que, en el pasado, una cadera ancha representaba la facilidad para parir hijos.

En el proceso del enamoramiento, los hombres están más condicionados para los retos y cazar. Cuando todo les sale fácil en el proceso de conquista, se aburren fácilmente y se van.

Para un hombre es sumamente importante sentirse valorado, reconocido por su pareja y ser útil para ella, mientras que para la mujer lo más importante es sentirse comprendida y amada. Y sí, es muy importante tener relaciones sexuales con la mujer que ama.

En cuanto a los problemas, el hombre necesita su soledad y se aísla en la cueva del cavernícola, mientras que la mujer resuelve sus problemas hablando. Por tanto, cuando la mujer lo presiona para hablar, él se puede sentir más abrumado porque no sabe manejar su emocionalidad; mientras que cuando el hombre no deja hablar a la mujer, se va a sentir no escuchada, no comprendida y, por ende, no querida.

Sin embargo, así como se enamora más rápido, se desenamora también... aunque viven el duelo diferente a las mujeres. Mientras que la mayoría de nosotras conservamos a los hijos y la casa familiar, ellos se tienen que mudar solos a un nuevo espacio y sin familia. Es un golpe muy duro: de repente se ven expuestos a su vulnerabilidad sin tener el manejo emocional para gestionarlo y lo viven en mayor soledad, ya que las mujeres normalmente contamos con el apoyo de familia y amistades. A ellos, por mandatos culturales, les cuesta mostrar su miedo y dolor con su círculo social, lo que implica grandes dosis de ansiedad y muchas veces depresión.

Eso sí, a la hora de tratar de resolver, es bien conocido que recurren inmediatamente a las salidas rápidas: amigos, alcohol y sexo. Muchos de ellos cometen el error de hacerse de una novia al poco tiempo e incluso se casan de nuevo, de lo cual suelen arrepentirse rápidamente. Es muy difícil encontrar hombres que se den el tiempo para resolver el duelo, aprender a estar solos y darse la oportunidad de conocer a la mujer adecuada.

Ahora bien, la cultura actual no ayuda en ningún sentido: con tanta mujer desesperada por tener pareja y saliendo a la conquista de hombres, ellos se dejan querer muy fácil, y convierten la seducción crónica en su refugio temporal, pero esto genera un mayor vacío existencial con el paso del tiempo.

¿Qué es importante para ellos en las relaciones? Servir, proteger, proveer a la mujer que ama y ser reconocido por ello. Cuando no los dejamos, ellos reaccionan con violencia o con indiferencia y es cuando aparecen las amantes.

Cada día, un mayor número de mujeres inteligentes, preparadas, guapas, cultas, exitosas e independientes presentan dificultades para establecer relaciones amorosas, ya sea porque no encuentran hombres a la altura o porque los hombres prefieren mujeres menos brillantes. Esta clase de hombres, en el fondo, se sienten inseguros con respecto a la mujer: les da miedo acercarse por temor a ser rechazados. En el fondo no quiere ser el admirador, sino el admirado. En cuanto a la sexualidad, empiezan a tener miedo de no estar a la altura de las expectativas femeninas, y aumenta considerablemente los problemas de impotencia, eyaculación precoz y disfunción eréctil. Le gustan las supermujeres, pero de lejitos.

A raíz de los distintos tipos de hombres, Bolinches nos habla de tres grupos muy claramente definidos en la actualidad:

1. **Los hombres evolucionados:** suponen un 20%. Son aquellos que establecen relaciones simétricas y equitativas, admiran a sus parejas y disfrutan su éxito. Han desarrollado madurez afectiva que surge de la aceptación de la nueva realidad y se sienten orgullosos de haber sido elegidos por sus parejas.

2. **Los hombres en regresión:** constituyen otro 20%. Se sienten incómodos ante las supermujeres, tienen baja autoestima y permanecen en creencias conservadoras y tradicionales de poder masculino y sumisión femenina.

3. **Los hombres desorientados:** son el 60% restante; es decir, la mayoría. Son conscientes de que necesitan evolucionar, pero les cuesta trabajo dejar el poder. Dentro de este grupo, la mitad intenta mejorar y la otra mitad no.

Los hombres en regresión y los desorientados tenderán a hacer valer su hombría a través de la violencia, la indiferencia o convertirse en Peter Pan. Y, ¿cuándo has conocido a un Peter Pan responsable? Es por ello que cada vez menos hombres se comprometen, protegen y proveen a la mujer y a los hijos.

La invitación es que ambos sexos colaboremos en lugar de competir para poder generar mejores vínculos. Mujeres, si queremos mejores hombres, necesitamos poner más límites, pero no convertirnos en tiranas. No debemos caer en el hembrismo, sino en reconocer que efectivamente somos complementarios y nos necesitamos mutuamente.

DEL *ENCULA-MIENTO* AL CONOCIMIENTO

¿Y qué pasa cuanto te casas con una persona
porque estás enamorado sexualmente de ella?
RAMTHA

¿Te imaginas cuando termine la fase del enamoramiento? Empieza el desencanto, el hastío, la desilusión y comienza la pregunta "¿qué hice?".

Sin embargo, las mujeres normalmente no se dejan llevar sólo y tan fácilmente por la energía sexual —y no porque no se pueda disfrutar del placer *per se*—, sino porque se busca también una conexión. Cuando la mujer no escucha su intuición y sólo quiere complacer al hombre para retenerlo a través del sexo, tarde o temprano pagará las consecuencias en el momento en que éste ya no sea una novedad para él. Por ello, cuando la mujer opera desde su poder y su capacidad de escucharse a partir del autoconocimiento, así como de su capacidad para poner límites, podrá establecer relaciones mucho más profundas y significativas a largo plazo.

A partir de la revolución sexual, donde nosotras tuvimos la misma facilidad que el hombre de tener relaciones sin el riesgo de quedar embarazadas y poder acostarnos con cualquiera, quedaron al descubierto, curiosamente para ambos sexos, un mayor vacío y una mayor soledad. Continuamente, en terapia escucho a hombres y mujeres sintiéndose muy angustiados, sin un sentido claro y, entre más parejas sexuales tienen, mayor desesperación, la cual tratan de llenar con más sexo, alcohol o drogas. ¿A qué se debe? A que nos estamos vinculando únicamente desde el primer chakra (que tiene que ver con nuestra parte más animal), pero sin corazón; se vuelve algo meramente mecánico como hacer una rutina de ejercicio o, peor aún, una compulsión: pasar de una pareja a otra para no tocar el miedo y el dolor. Es más, incluso se considera un producto de consumo, donde compras sexo como si compraras una ropa de marca. Ni siquiera se ve al otro.

En la actualidad, un gran reto para los hombres es comenzar a relacionarse con las mujeres desde el tercer chakra, el cual representa el poder personal; las mujeres, en cambio, deben mantener los vínculos desde ese nivel, sin decaer a relaciones meramente sexuales. Una mujer NUNCA debería vincularse con alguien que tenga un menor nivel de conciencia que ella, debe reconocer que es digna de ser respetada y valorada, pero, sobre todo, de ser amada profundamente.

Otro problema de vincularnos desde el primer chakra es que las infidelidades estarán a la orden del día, ya que los encuentros no serán profundos, no hay una real conexión. En este sentido, la mujer no podrá confiar en el hombre.

En cuanto a las amantes, tienen que estar muy claras, chicas: los hombres podrán estar con ustedes por un ratito ya que se están relacionando desde el sexo, pero eso pasará y siempre vendrán otras mujeres que usarán las mismas herramientas.

Las relaciones tóxicas, de las cuales hablamos en el capítulo anterior, tienen que ver con el segundo chakra. Para Ramtha (2006, p. 164): "Tiene que ver con el amor lisiante, el amor que te deja lisiado. Este amor no busca el sexo: busca la compasión y atención". Y añade (p. 168): "Haréis cualquier cosa que sea necesaria para conseguir simpatía, compasión y atención, aun a riesgo de jugaros vuestra propia salud física y vuestro propio bienestar". Sin embargo, las relaciones más dolorosas, ya sean con narcicistas o psicópatas, tienen que ver con el desequilibrio del tercer chakra, ya que se alimenta de las parejas para llenar su ego; es decir, desde un mal manejo del poder y la manipulación.

En resumen, los tres primeros chakras desequilibrados tienen que ver con la sexualidad animal, el sufrimiento y la manipulación. La atracción nace en el primer chakra por la diferencia en el ADN; el segundo chakra surge desde la necesidad y la demanda (relaciones tóxicas); y el tercer chakra, porque alguien controla tu vida sin que tú tengas que tomar el control de la tuya.

¡Ojo!: no quiere decir que no puedas tener relaciones sexuales si así lo decides; sólo te invito a que reflexiones desde dónde y para qué lo estás haciendo. El buen amor involucra los chakras superiores, empezando por el cuarto, que es el del corazón; allí comenzamos a hacer una verdadera conexión con la pareja. Después, el quinto chakra, el del éter, nos lleva a comunicarnos adecuadamente; el sexto, el chakra del entrecejo, nos lleva a pensar con mayor claridad y establecer una conexión a nivel mental con la pareja; y, por último, por el séptimo chakra se da la conexión divina.

EROTISMO: MORDAMOS EL FRUTO PROHIBIDO

En todo encuentro erótico hay un personaje invisible y siempre activo:
la imaginación.

OCTAVIO PAZ

Así como Eva tentó a Adán a comer la fruta prohibida, el erotismo se refiere mucho a jugar con lo prohibido, lo secreto, lo transgresor, lo oculto, lo misterioso: lo que anhelamos porque no tenemos... ¿Por qué es tan importante el erotismo? ¿Qué incluye? El erotismo es considerado uno de los dos grandes pilares de la relación junto con el compromiso en la actualidad. Es lo que mantiene viva la relación, lo que la motiva; es la pasión, la chispa, la energía y, en este sentido, muchas personas ignoran o descuidan su continua construcción.

El erotismo no es coito; el erotismo incluye muchos aspectos como el arte de la seducción y la sexualidad, pero no construidas a través de las películas porno, sino una sexualidad sagrada que incluso lleve a estados de éxtasis y mayor conexión, tal como lo demuestran el taoísmo de China o el tantrismo de India: una sexualidad lúdica, rica en experiencias y que vincule más a la pareja a nivel físico, mental, emocional y del espíritu.

También están esas pequeñas técnicas que nos ayudan a las mujeres a seducir y a los hombres a conquistar, con el fin de convertirnos en profesionales en el arte de encantar a los demás de una forma genuina, honesta, humilde y con sentido del humor, creando conexiones más profundas, interesantes y divertidas.

CREA UNA SEDUCCIÓN A TU MEDIDA

La seducción es un arma poderosa para atraer, pero sobre todo para mantener una relación a largo plazo ya que, en la actualidad, ten por seguro que cuando acaba la seducción mutua, acaba el erotismo y con ello la relación. Seducir representa el arte de encantar. ¿Te acuerdas de Sherezade en *Las mil y una noches*? Narra la historia del sultán Shahriar, quien, tras el engaño de su esposa, decreta que todos los días al atardecer se casará con una mujer diferente, la cual será ejecutada al amanecer. Cuando entra Sherezade a su vida, ella no quiere morir, por lo que le cuenta un cuento cada noche que deja inconcluso para terminarlo la siguiente noche. Esto mantiene interesado y expectante al sultán, quien le perdona la vida después de mil y una noches, se casa con ella y forma una familia. ¿Cuál es el ingrediente principal de la seducción? El misterio. Si eres un libro abierto para tu pareja, estás matando al deseo. Recuerda que uno desea lo que uno no tiene, no lo que ya posee. En la seducción, siempre tiene que haber un anhelo, una sorpresa, algo por descubrir, algo por develar...

Tradicionalmente, el hombre se entregaba a la conquista de la mujer y ella decidía si le daba entrada o no. ¿Cuál es la diferencia entre conquista y seducción? En general, el hombre conquista y la mujer seduce. La conquista es directa, frontal, activa; en cambio, la seducción es más sutil, oculta, misteriosa. ¿Te has fijado qué hace un hombre cuando está interesado en una mujer? Va a mover cielo, mar y tierra para estar con ella. Si no lo hace —perdón, chicas—, es que no está interesado lo suficiente. Por otro lado, la mujer conoce el arte de la seducción cuando está en su centro. Desgraciadamente muchas están conquistando; es decir, haciendo la chamba del hombre y esto provoca que él pierda interés en el juego. Es como si invitaras a un hombre de cacería y cuando abriera la puerta, ya tuvieras al conejo listo para cocinar. ¿Tú crees que va a ser atractivo para él? La seducción es una obra maestra que hay que ir diseñando poco a poco y de la cual hay que saborear los resultados. ¿Has visto la película *The Thomas Crown Affair*? ¡Eso es seducción mutua! Y aunque todavía se están definiendo los nuevos esquemas de relación, necesitamos seguir seduciendo. Bruce Bryans (2020) menciona varios puntos desde la visión masculina que me encantaría mostrarte:

1. El arma más poderosa que tiene una mujer a la hora de lidiar con hombres es su **capacidad para poner límites**; esto es incluso más importante que ser segura de sí misma.

2. Los límites se establecen en función de los valores personales y éstos **jamás son negociables,** ni por la belleza de un hombre ni por ningún otro motivo.

3. Los límites son la herramienta que evita que un hombre te utilice o pierda el interés en una mujer rápidamente.

4. **Saber decir "no"** y cómo moverte de una situación determinada es crucial para tener éxito con un hombre.

5. Los hombres que son valiosos no buscan a una mujer sólo por su belleza física y huyen de las mujeres que se menosprecian a sí mismas en algún aspecto.

6. **Nunca** seas muy accesible sino hasta que una relación se torne seria, ya que los hombres se cansan rápido de lo que obtienen fácilmente.

7. Jamás luches por el interés de un hombre; si éste no existe, retírate ya que si continúas, dañarás tu autoestima.

8. La mujer teme dejar de ser deseada y el hombre teme dejar de desear. Si un hombre no te presenta con las personas que son importantes para él es que no te quiere para algo serio; lo mismo si no sale en público contigo.

9. Si quieres algo a largo plazo con un hombre, no le des sexo de forma inmediata; permite que se esfuerce para tenerlo.

10. Un hombre te va a tratar como tú lo permitas.

Interesante, ¿verdad? La fórmula es muy sencilla: el hombre demuestra el amor con ACCIONES, no con palabras. Si un hombre te dice que te ama, que eres la mujer de su vida, pero se desaparece toda la semana, es que otra es la mujer de su vida… Regla esencial, mujer: ¡ponte tapones en los oídos y ve sus acciones!, que te cheque el audio con el video; si no te checa, salte de ahí. Cuida tu energía, no se la entregues a cualquiera. En este sentido, la cábala es muy clara: el hombre es un canal de luz y la mujer una vasija de luz; el hombre produce para la mujer y la mujer reproduce hasta 1 000 veces lo que el hombre produce. La mujer sabia está consciente de que el hombre no es la fuente de su felicidad y por eso construye una vida rica en experiencias y en afectos independientes a él. Recuerda que un hombre ama a una mujer que se ama y que este hombre se va a sentir muy orgulloso de servir y proteger a lo que ama, en lugar de servirse de la mujer. Y, desgraciadamente, muchos hombres no hacen ningún esfuerzo en evolucionar, convertirse en un mejor ser humano porque las mujeres estamos disponibles fácilmente. Peter Pan no tiene ninguna necesidad de crecer.

Errores que cometemos las mujeres en las relaciones que acaban con la seducción:

1. Estar siempre disponible.

2. Dar a fondo perdido; es decir, dar y dar hasta desbordarse. Le llevan el regalito, le resuelven la vida, lo procuran sin dejar que él haga el más mínimo esfuerzo.

3. Ser castrante y controladora: ¿dónde estás?, ¿con quién estás?, ¿qué estás haciendo? De esta manera se empiezan a formar

las dependencias. Esta posición es humillante y el hombre va a perder el interés porque ella es la que está conquistando. Obviamente es una muestra de miedo y no de amor, además de demostrar que no confías en él. Como dijo Leonardo Lee en una entrevista que le realicé: "¿A qué hombre elegí para casarme que no confío en él?".

4. Ser sumisa y no poner límites. Ponerte de tapete para que te pisen.
5. No amarte a ti misma.
6. Depender emocionalmente, económica o sexualmente de él.
7. No reconocer ni valorar lo que él hace por ti.
8. Resolverle todo al hombre; con esto, no le permites que tome su fuerza masculina al no dejar que se gane tu amor. Esto lo irá debilitando.

Errores que cometen los hombres que acaban con la seducción:

1. No ser caballeros, falta de modales, educación y delicadeza.
2. Ponerse a coquetear con otras mujeres.
3. No cuidar su higiene personal.
4. Tratar de controlar y manipular a la mujer.
5. Presionar para tener sexo desde la primera cita.
6. No tener atenciones.
7. Hablar mal de las exparejas.
8. Tratar mal al personal de servicio y animales.
9. Expresarse mal de sus padres.
10. No tener conversación interesante.
11. Siempre estar hablando de cómo destruyen a su competencia.
12. Pedir dinero a la mujer para pagar la cuenta.
13. Hablar de todas sus conquistas.

> *Seducimos valiéndonos de mentiras y*
> *pretendemos ser amados por nosotros mismos.*
> PAUL GÉRALDY

La cuestión es: ¿estoy atrayendo a las parejas potenciales que me gustan? ¿O qué tengo que mejorar para hacerme deseable para las parejas que me gustan? Por otra parte, ¿las parejas que me gustan son las adecuadas para mí, están de acuerdo con mis valores, estilo de vida, intereses, aspiraciones y proyecto de vida?

Muchas veces confundimos seducir con engañar cuando no es así. El arte está en iniciar un juego muy inteligente para hacer más interesante la relación y es definitivamente un ingrediente clave si queremos tener relaciones a largo plazo. La seducción tiene que ver con la creatividad, con la imaginación donde se construye la fantasía en la cabeza y, a veces, esa fantasía provoca más disfrute que la realidad misma.

Repito: no es engañar, es encantar, es mostrar nuestro verdadero yo ante el otro. De ahí la importancia de conocerse y de tener presencia; es decir, que impacte nuestra esencia. Lo importante es que nuestra presencia despierte el interés del otro en conocernos más, en convertirnos en un misterio para el otro. Seducir no es seguir una serie de reglas de cortejo: es algo totalmente natural.

SEXUALIDAD Y DESEO

> *¿El sexo es algo sucio? Respuesta: para que sea bueno, sí.*
> WOODY ALLEN

En la actualidad, se considera que somos monógamos secuenciales; en otras palabras, pasamos de una pareja sexual estable a otra.

¿Cómo podemos asegurar que vamos a seguir deseando a la misma persona cada día? Cuando el deseo, en sí mismo, tiene que ver con lo prohibido, lo secreto, lo trasgresor, lo pasional, lo misterioso y lo oculto. El deseo se fabrica en la antelación, en la fantasía, en lo que no tenemos, en el anhelo... Los hombres, por tradición, tienen más desarrollado el deseo y las mujeres, el amor. El tema está en que el amor es lo opuesto: es seguro, tranquilo, predecible, rutinario, transparente. Es decir, ¿cómo mediar erotismo y amor cuando el deseo es ausencia y el amor presencia? ¿Cómo conciliar estas fuerzas que son opuestas? Ése es el secreto de la buena relación: poder conciliar esas dos naturalezas tan distintas.

¿Y qué nos hace desear? La *escasez* y no la saturación, más una cierta dosis de perversión. Imagínate que te encanta el helado de chocolate y que todos los días puedes comerlo sin medida. Llegará un punto donde ya no quieras helado de chocolate porque ya estás harto de lo mismo. Bueno, pues es igual con el deseo: si tienes relaciones sexuales todos los días, de la misma manera, a la misma hora, eso es rutina de ejercicio o compulsión, pero no tiene que ver con el deseo. Deseamos lo que no tenemos, no lo que tenemos. Por eso el arte de la seducción es tan importante, ya que prenderá la mecha del deseo una y otra vez.

El deseo no está casado con nadie y cuando se encuentra con la pasión es muy difícil detenerla, ya que entra en un estado animal y lujurioso que nos permite hacer locuras y llegar a estados de éxtasis donde el tiempo se detiene. Sin embargo, la gestión del deseo es lo que puede prevenir un desastre posterior. Por ello, nuestros valores personales son esenciales para ayudarnos a tomar decisiones más claras con el fin de actuar de forma responsable con la pareja.

Ahora bien, lo erótico vincula, despierta la imaginación, recrea, disfruta, juega, despierta emociones, conecta; el sexo *per se* no.

Desear lo que falta es el territorio de la carencia,
desear lo que no falta es el territorio del amor.

RAFAEL MANRIQUE

El problema con el sexo actual es que se ha vuelto un objeto de consumo, ahora es tan accesible que le falta deseo al deseo. La disponibilidad y tanta variedad hacen que también se vuelva un sexo líquido, desechable y compulsivo; lo hemos depreciado. Es triste ver cómo las chavitas hacen esfuerzos desmedidos por mostrarse hipersexualizadas y disponibles a cambio de un like, de volverse influencers, matando al erotismo. Es triste escuchar las canciones de reggaetón donde toda la emancipación femenina se va a la basura al tratar a la mujer como un objeto sexual, puro cuerpo, satisfacción instantánea. Y luego nos extrañamos de que nos traten como objetos cuando no nos comportamos como sujetos.

AUTOEROTISMO

Desgraciadamente, todavía existe gran cantidad de tabús con respecto a una práctica tan necesaria y fundamental en la vida del ser humano, la cual permite su sano desarrollo físico y psicológico: la masturbación. El autoconocimiento es lo que nos lleva a no esperar que la pareja nos proporcione satisfacción sexual. ¡La sexualidad es de quien la trabaja! De hecho, es recomendable para las mujeres proporcionarse orgasmos por lo menos cuatro veces por semana. Otros beneficios de su práctica son que evita disfunciones sexuales, enfermedades en órganos sexuales y envejecimiento. En la mujer, aporta una mayor lubricación, lo que significa mayor atractivo por la producción de feromonas y estrógenos, así como mayor energía, salud en los órganos sexuales reproductores, mayor juventud y lozanía.

Por otra parte, respecto a la masturbación masculina, nuestro papel como padres es esencial: debemos proporcionar el espacio que necesitan los varones adolescentes para su práctica, ya que ante la poca privacidad que les otorgamos, aprenden a hacerlo de forma rápida y fuerte para provocar el orgasmo. Esta práctica se continúa durante la etapa adulta, que dicho sea de paso, es lo que vemos en la pornografía. ¿Cuál es la consecuencia? Desensibilización del pene, necesitar el mismo tipo de estimulación, problemas de erección y eyaculación precoz.

CUESTIONARIO DE COMPATIBILIDAD SEXUAL

Elige SÍ o NO la respuesta que mejor exprese tu realidad sexual.

1. ¿Te sientes libre de tomar la iniciativa sexual?
2. ¿Hablas libremente con tu pareja sobre sexualidad?
3. ¿Te sientes utilizado sexualmente con frecuencia?
4. ¿Consideras que la mayoría de contactos resultan gratificantes para ambos?
5. ¿Consideras que los contactos sexuales son tan frecuentes como desearías?
6. ¿Consideras que tu pareja es demasiado egoísta y sólo busca su placer?
7. ¿Después de alcanzar el orgasmo sientes deseos de permanecer al lado de tu pareja?
8. ¿Consideras que tus relaciones sexuales son demasiado monótonas y rutinarias?

9. ¿Recurres con frecuencia a fantasías para poder excitarte?

10. ¿Consideras que los rituales sexuales que practican son los que tú deseas?

Resultados:

Preguntas 1, 2, 4, 5, 7, 10 cada SÍ suma un punto.

Preguntas 3, 6, 8, 9 cada NO suma un punto.

Nivel de acoplamiento sexual:

0-2 puntos: Malo

2-4 puntos: Insuficiente

4-6 puntos: Aceptable

6-8 puntos: Bueno

8-10 puntos: Óptimo

SEXUALIDAD SAGRADA

El tao de la sexualidad se consideraba un método para obtener salud, longevidad y realización espiritual, además de producir estados de éxtasis con la pareja. Consiste en que las mujeres reabsorban sus secreciones sexuales y los hombres eviten la eyaculación para preservar esta energía y obtener todos sus beneficios.

Según los taoístas, si se aprende a reencauzar la energía sexual masculina hacia adentro y hacia la cabeza en vez de hacerlo hacia afuera, puede notarse la experiencia de orgasmo con más fuerza e intensidad debido a que se prologa la erección y se involucra no sólo a los órganos genitales sino a todos los órganos y glándulas del cuerpo creando a su vez mayor cantidad de energía que revitaliza al cuerpo, conserva la salud y transforma emociones negativas en positivas que aumentan el grado de bienestar. A este tipo de orgasmos los taoístas los llamaron *orgasmos internos* y cuanto más duran, más energía producen. Si el hombre es capaz de prolongar su erección evitando la eyaculación, puede ayudar a la mujer a alcanzar este tipo de orgasmos superiores; así, ambos liberan energía sexual que, si se aprende a recircular en el propio cuerpo, más adelante comenzará a intercambiarse con la del compañero a manera de circuito energético.

Una vez logrado esto, la pareja es capaz de conseguir la máxima armonía posible aumentando el estado de salud y la conexión, con lo que empieza la evolución espiritual. Los taoístas le atribuyen a esto gran importancia y lo describen como "desarrollar el cuerpo espiritual".

Beneficios:
1. Fuente infinita de energía
2. Longevidad
3. Conexión profunda con la pareja
4. Conexión con el cosmos
5. Mayor placer

ENAMORAMIENTO: DIME CON QUIÉN ANDAS Y TE DIRÉ QUIÉN ERES Y EN QUIÉN TE VAS A CONVERTIR

Para Antoni Bolinches (2014, p. 59), "el enamoramiento no es otra cosa que una percepción distorsionada y desmedida del atractivo del sujeto idealizado, y la idealización no es más que la expresión de necesidades afectivas desmesuradas".

¿Cuáles son los requisitos para que nos enamoremos? Para Soler, J. (2015) necesitamos tres factores:

1. Deseo sexual, que nos lleva al deseo de búsqueda.
2. Atracción preferente hacia determinada pareja sexual, que nos lleva a elegir y esforzarnos (seducción).
3. Relación afectiva o vínculo, que es el deseo de permanecer allí e incluso querer tener hijos.

Lo que muchos no saben es que tenemos tres circuitos cerebrales para enamorarnos, uno para cada una de las condiciones anteriores: *eros*, *philia* y *ágape*. Esto permite enamorarnos de tres personas distintas al mismo tiempo, una por cada circuito, aunque lo ideal y si lo que estamos pensando es en una relación monógama comprometida a largo plazo, es enamorarse de una misma persona con los tres circuitos. Sin embargo, allí es donde comienza otro problema: el tiempo. Hasta hace pocos años, el promedio de vida era mucho menor y las parejas duraban menos años juntas; hoy vemos parejas que pueden cumplir 60 o más años juntas. ¿Cómo podemos garantizar que vamos a amar y desear a lo largo de todo ese tiempo a una sola persona? Esta fantasía de "y fueron felices para siempre" ha tenido un enorme costo para los seres humanos: no podemos garantizar desear y amar a alguien. Podemos llegar a compromisos profundos, pero no permanentes. Podemos hacer acuerdos flexibles de acuerdo al momento que se esté viviendo de manera individual y como pareja, los cuales se necesitan actualizar de tanto en tanto.

Ahora bien, ¿se puede lograr o de plano el amor es un suicidio afectivo? Cada pareja es un universo muy complejo y diferente. No hay regla para el amor, pero sí hay condiciones que favorecen el crecimiento o caída de la relación. Algunos ya los vimos en los temas de seducción y erotismo; otros los veremos más adelante. Lo importante es tomar conciencia de que, para conseguir el sueño tan anhelado de pareja, se requiere esfuerzo y compromiso de ambas partes, así como una gran dosis de creatividad y sorpresas.

En los amores pasajeros lo que uno busca son cosas excepcionales;
en los amores profundos lo que uno quiere es tiempo para
compartir las cosas de todos los días; porque las cosas de todos los
días se convierten en excepcionales.

VERÓNICA CHECA

Sin embargo, al ver tantos rompimientos dolorosos, tanto fracaso al momento de hacer relaciones en la actualidad, cabría preguntarse: ¿el amor de pareja existe? ¿La pareja está destinada a desaparecer? En primera instancia, habría que considerar que nuestra vida vale lo que valen nuestros afectos; eso es lo que nos llevamos. La pareja homosexual o heterosexual sí está destinada a permanecer porque somos seres vinculantes, pero estamos siendo retados a transformar la relación en una verdadera pareja, formada de individuos autónomos, libres, comprometidos y en constante crecimiento. ¿Fácil? Como cualquier cosa que vale la pena, de seguro no es sencillo, pero puede aportarnos resultados extraordinarios cuando se trabaja en ello.

Proyectamos en el otro nuestras necesidades, nuestras fibras más sensibles e incluso, fibras que ni siquiera sabíamos que existían; la esperanza de que el otro sane nuestras heridas infantiles no resueltas a través de la ilusión. Pregúntate: ¿cuáles son las experiencias del pasado que aún no abrazas y que te está mostrando tu pareja actual o anteriores? Eso que vienes repitiendo una y otra vez.

Es importante que sepas que mientras más estemos en un momento de cambio en nuestras vidas, mientras más estemos necesitados,

será más fácil que nos enamoremos y, por ende, seremos más procli-
ves a entrar en relaciones tóxicas, ya que nos relacionamos desde la
carencia y no desde el amor.

El enamoramiento crece en la ausencia, mientras que el amor
implica correspondencia. El enamoramiento proyecta nuestras si-
militudes, el amor proyecta nuestras diferencias. En cambio, si estamos felices con nuestra vida, si somos autónomos e independientes
económica, emocional y sexualmente, más difícil será que nos enamoremos porque tendremos los ojos abiertos a la realidad. Por ello,
no será tan fácil que nos llenemos de ilusiones y si nos enamoramos,
será más inteligente, donde entre la conciencia y nuestros valores
personales. Esta clase de enamoramiento no tiene prisa, se va coci-
nando lentamente porque la persona que se ama a sí misma quiere
tener suficiente conocimiento acerca del otro para decidir si vale la
pena o no continuar la relación, y si se da cuenta de que la pareja
potencial no es la adecuada, tiene la capacidad de salir de ella a la
brevedad.

Sin embargo, como ya sabemos, el enamoramiento tiene la fina-
lidad de establecer vínculos que posiblemente se conviertan en amor
en el futuro. Por ello, requiere de atracción sexual hacia una determinada persona antes de establecer una relación afectiva que conduzca
posteriormente al amor. Es el primer paso del amor, donde hay una
proyección positiva de nuestras virtudes y capacidades en el otro; por
eso es tan perfecto. Es una construcción mental y hormonal. Afortunadamente tiene fecha de caducidad, aproximadamente entre seis
meses y tres años, para comenzar a ver a la persona que realmente tenemos enfrente. Por eso es importante no tomar decisiones drásticas
durante el enamoramiento: no irse a vivir juntos, no casarse y mucho
menos tener hijos. Sabemos que está terminando cuando comenzamos a encontrar las diferencias y ya no nos parece tan perfecta la

persona en cuestión; cuando empezamos a buscar nuestros espacios de independencia en lugar de querer estar fusionados 24 horas los siete días de la semana; cuando buscamos estar más con nuestros otros afectos. Otro factor que permitirá que continúes enamorado de la pareja es saber que otras personas se sienten atraídas por ella. Esto significa que es alguien admirable y la valorarás más, además de que te ayudará a seguir evolucionando como persona.

Ejercicio para determinar tus valores, que te permitirá en primera instancia tener claro lo que de verdad es importante para ti, así como para checar el nivel de compatibilidad (Durán, O. 2017, pp. 63 - 70):

1. ¿De qué forma llenas tu espacio?
2. ¿De qué forma inviertes tu tiempo?
3. ¿Cómo empleas tu energía y qué es lo que te da energía?
4. ¿De qué forma utilizas tu dinero?
5. ¿En qué aspectos de tu vida eres más organizad@?
6. ¿En qué aspectos de tu vida eres más desorganizad@?
7. ¿En qué aspectos de tu vida eres más disciplinad@?
8. ¿En qué es en lo que más piensas?
9. ¿Qué es lo que más visualizas o imaginas?
10. ¿Qué es lo que más te hablas a ti?
11. ¿Qué es lo que más hablas con otros?
12. ¿Cuáles son las cosas que más te inspiran?
13. ¿Cuáles son tus objetivos?

Como podrás ver, es un ejercicio muy esclarecedor que te va a ayudar al momento de elección de pareja, pero también si ya estás en una relación.

Durán (2017, pp. 76-89) habla de los tres pasos por los cuales va a pasar toda relación de pareja:

Fase del enamoramiento

Es una proyección positiva de uno mismo; cuando acaba nos lleva a la siguiente.

Fase del resentimiento

Se distinguen cuatro cuestiones alrededor de ella:

1. Evaluación de diferencias y oposiciones; es decir, una confrontación de la fantasía contra la realidad.
2. Distorsión de la realidad, donde existe una resistencia a aceptar que no sea tan perfecto como empezó.
3. Alcanza su máxima intensidad cuando ambas partes empiezan a reclamar, pelear, discutir, querer terminar.
4. No tiene fecha de caducidad, vas llenando la bolsa de piedritas que tarde o temprano se va a romper.

Fase de ruptura

Puede ser de tres tipos:

1. **Silenciosa:** está el bulto pero no la energía. Son esas parejas que ya están por inercia, pero sin comunicación. *Roomies.*
2. **Reconciliada:** son las parejas que trabajan en las diferencias y crecen.
3. **Manifestada:** las que se separan o divorcian.

CAPÍTULO 5

HECHOS SON AMORES Y NO BUENAS INTENCIONES

Mientras los hombres seguimos buscando mujeres que ya no existen, las
mujeres aspiran a encontrar hombres que todavía no existen.

ANTONI BOLINCHES

El amor siempre se escribe entre personas a las cuales se les considera iguales en valor, en tiempo presente, entre un Yo y un Tú, y ese Tú habla del Yo. Comienza con la decisión y disposición de amar a un ser real, de aceptar las diferencias y de tener la capacidad de armonizarlas, de comprender la realidad de lo que es el otro, pero también de validar quién soy yo. Por tanto, el verdadero amor surge del conocimiento. Si no me conozco y no te conozco, no te puedo amar; sólo puedo amar la ilusión que tengo de ti. Por tanto, cuando acaba el enamoramiento, cuando cae la ilusión y vemos al ser que tenemos enfrente, tenemos varias opciones:

1. Querer cambiarlo, utilizando estrategias de control y manipulación.
2. Resignarnos, lo cual es un suicidio afectivo y le cobraremos tarde o temprano a la pareja.
3. Salir corriendo de la relación.

4. Adentrarnos a investigar el misterio de lo que es el otro. Este paso, obviamente, es el que nos lleva a la construcción del amor.

Asimismo, el amor dependerá del grado de crecimiento personal puesto al servicio de la relación. El reto está en convertirnos en una mejor versión de nosotros mismos, pero también en inspirar al otro a convertirse en una mejor versión de sí mismo. Sin embargo, al ser una elección, no será nunca una obligación y necesitamos entender que no es eterno si no se trabaja en él. Tampoco se trata de ser buenas o malas personas; se trata del tipo de vínculo que se establezca.

Otra vez, hechos son amores y no buenas intenciones: el buen amor requiere acciones concretas en el día a día que lo vayan solidificando. Si se descuida, puede ir muriendo más rápido de lo que se cree. Por tanto, la creatividad será un factor clave para que sea más dinámica y en constante crecimiento. Asimismo, requiere del trabajo de ambas partes, ya que uno solo no puede llevar la relación; con que uno de los dos no quiera, se acabó. Para Rafael Manrique (2009, p. 22):

> El amor necesita madurez, una cierta oscuridad y un poco de incertidumbre. ¿Por qué? Porque la certeza y el saber todo de la pareja nos lleva a la zona de confort (que es donde están muchas parejas insatisfechas) [...] el amor es compromiso, es erotismo y es tiempo.

El mejor amor es el que es libre y fomenta la libertad del otro. Te amo independientemente de que tú ya no lo hagas, pero celebraré contigo que te vaya bien en cualquier camino que tomes, porque yo también continuaré mi camino aun sin ti. El amor libre no va de acuerdo con nuestros paradigmas de "y fueron felices para siempre", pero no hay nada más temible que un amor que esclavice, limite y que quite las alas al propio crecimiento y plenitud. A muchas personas les produce miedo el reconocer que su figura de apego los puede dejar —y se quedarán— solos de nuevo, ya que el deseo de posesión es una expresión del miedo. Al ser libre el amor, también es flexible y se va adaptando a los cambios individuales y de la pareja.

Podrías cuestionarte si amas a tu pareja por lo que ES, por lo que te da, o por cómo te hace sentir, ya que dependiendo de tu respuesta, estarás descubriendo la profundidad de tu relación y sus posibles consecuencias.

LOS PILARES DEL AMOR

Te quiero como eres, tal vez no respondes a lo que yo esperaba, pero prefiero tu realidad a mis sueños.

ANDRÉ COMTE-SPONVILLE

El amor, además de ser una acción volitiva, es decir, que surge de la propia voluntad, tampoco es una obligación, sino más bien una convicción que surge cuando verdaderamente valoras al otro y a la relación; por tanto, no es eterno e implica el riesgo de terminarse.

Para Manrique (2009, p. 13), la mutualidad y la unicidad, que son fundamentos de la pareja, han desembocado en posesión, debilidad y exclusividad, ingredientes perfectos para acabar con la relación a largo plazo. Es decir, hay poco o nulo compromiso, relaciones desechables y superficiales, de poca calidad y entrega. Casi no hay compromisos encaminados al cuidado del amor.

Por otra parte, se habla mucho del amor incondicional en la pareja. Eso es una utopía, ya que si fuera tan incondicional, tendríamos que aceptar cosas que van incluso contra nuestros valores y dignidad. La condicionalidad la dictarán los propios valores y los límites necesarios para protegerlos.

Sin embargo, quiero que sepas una cosa. Existe una creencia popular acerca de que los hombres no se quieren comprometer. ¡Falso! Los hombres se van a comprometer cuando perciban a la mujer como especial y sientan que tienen que competir con otros hombres para no perder el interés de ella. Si no se quieren comprometer contigo, es porque no les interesas y seguramente está jugando.

Sin embargo, para que pueda surgir, requiere de varios elementos o pilares que van a sustentarlo, tales como:

1. Confianza

Es la raíz del amor. En una relación donde no hay confianza, aunque haya mucho enamoramiento, la relación se va a volver tóxica o va a terminar. En cambio, en una relación que a lo mejor no haya mucho enamoramiento, pero sí mucha confianza, es muy posible que surja el amor. La confianza es lo que permite la intimidad, la vulnerabilidad. ¡Cuántas personas se guardan información relevante para no ser traicionados por sus parejas! Por ejemplo: le cuentas un secreto doloroso a tu pareja de tu familia de origen y en el primer pleito te la revira diciéndote: "¡Claro, pues si estás igual de loca que tu familia!". Una vez deteriorada la confianza comienza el desamor y será muy difícil volverla a recuperar, si no es que imposible.

Califica: del 1 al 10, ¿qué tanto confías en tu pareja?

2. Honestidad

¿Has observado un río o un mar completamente transparente? ¿Cómo te sientes cuando ves ese espectáculo? Se siente paz, ¿verdad? Se tiene la seguridad de que si te adentras no hay ningún peligro, que puedes disfrutar de la belleza de su interior. Lo mismo pasa en las relaciones: la confianza estará basada en la honestidad, saber que la persona que tienes enfrente te habla desde la verdad, aunque a veces duela. Significa no usar a nadie, no mentir a nadie. La sinceridad es fundamental para echar raíces, ya que la mentira supone priorizar tus necesidades egoístas sobre el otro. Esto no es amor: es manipulación. Ahora bien, es importante no confundir honestidad con no tener derecho a tener secretos y un mundo íntimo (base del deseo). Pero, evidentemente, los aspectos que son importantes hay que hablarlos. Al decir verdades, debes cuidar cómo dices las cosas. No es lo mismo decirle a la pareja "te apesta el hocico" a "mi amor, creo que necesitas ir al dentista"; es el cuidado con el que dices las cosas lo que hace la diferencia. ¿Hasta dónde decir? Hasta donde lo más importante sea el otro.

Califica: del 1 al 10, ¿qué tan honest@ eres con tu pareja? ¿Qué tan honesta sientes que es tu pareja contigo?

3. Respeto

Es importante entender que el otro es un otro y no tiene por qué pensar, sentir, ser, gustar, hacer, tener lo mismo que tú. Acepta su individualidad, su singularidad y lo que hace única a esa persona. Recuerda que "el respeto al derecho ajeno es la paz...".

Califica: del 1 al 10, ¿qué tanto te sientes respetad@ por tu pareja? ¿Qué tanto respetas a tu pareja?

4. Buen manejo del poder

Este punto es lo que hace en gran medida que una relación sea sana o enferma. Se refiere a que "yo soy, hago o tengo algo más que tú y no por eso lo voy a usar para controlarte o manipularte". Por ejemplo: yo tengo más dinero que tú y no lo usaré para controlarte a través de él. Yo tengo más éxito que tú y no por eso te humillaré. Yo tengo más información que tú de los hijos y no por eso la usaré en tu contra. Te quiero preguntar: ¿quién toma las decisiones en la relación? ¿Hay uno que decida más que el otro?

Existe una regla en este sentido: el que necesita menos, es el que tiene más poder en la relación. Sin embargo, en una relación sana, este poder es equilibrado porque la pareja forma un equipo que colabora, no uno que compite. Cuando son relaciones donde uno controla algún tema, sería bueno preguntarse para qué estamos aceptando esa situación.

Califica: del 1 al 10, ¿cómo crees que se está manejando el poder en la relación?

5. Responsabilidad

Significa que debes responder por tus decisiones, por tus actos y por tus resultados dentro de la relación. Se trata de reconocer que puedes herir no intencionalmente y que intentarás reparar el daño en la medida de tus posibilidades, quizás no como a lo mejor el otro espera o necesita, pero que, de corazón, no fue intencional y que te duele su dolor.

6. Ternura

Me parece que este punto es el más olvidado y descuidado en las relaciones. No se trata de maternar, sino de que te duela el dolor del otro y que te alegre la alegría del otro; de estas muestras de cariño, de empatía, de solidaridad en los momentos complicados de la vida, compañía y apoyo mutuo; de tener un testigo íntimo de nuestra vida. Cuando una pareja no puede desarrollar la intimidad que proporciona la amistad y la ternura, se quedará como una relación tóxica donde lo único que los une es la sexualidad, de tal manera que si la sexualidad desaparece, la relación también. Es lo que conocemos como *ágape*, es el verdadero pegamento de la relación, ya que parejas sexuales puedes tener muchas; parejas con las que te la pases bien, te diviertas, también; pero parejas con las que tengas una real intimidad y en las que realmente confíes, muy pocas. Este ingrediente es el que permitirá el compromiso a largo plazo.

Pregúntate: ¿Cómo te sentirías tú amad@ por el otro? ¿cómo el otr@ se sentiría amad@ por ti? ¿Se lo has explicado y te lo han explicado?

8. Autonomía

Se refiere a hacerte cargo de ti: ser independiente en todos los sentidos, ser capaz de poner límites eficientes. Esto evita que nos volvamos dependientes de la pareja y le queramos entregar nuestra vida para que se haga cargo de ella.

9. Límites claros

Siempre he pensado que el amor prospera si se le somete a cierta distancia; que exige una cierta separación respetuosa para perpetuarse. Sin este aislamiento imprescindible, las minucias físicas del otro llegan a adquirir una magnitud odiosa.

SIRI HUSTVEDT

Es uno de los grandes temas de la relación de pareja: fusión-separación. Uno requiere más espacio y el otro quiere estar pegado. Uno siente que se ahoga y el otro siente que lo rechazan y abandonan. El espacio vital es importante; sin embargo, cada miembro de la pareja lo tiene distinto. ¿Cómo saberlo? El cuerpo lo dice: si te estás sintiendo invadido, comienza una sensación de incomodidad, de asfixia, de querer separarte; si quieres mayor fusión, obviamente te irás acercando hasta pegarte, tocar, abrazar, etc. Saber medir el espacio vital de la pareja es fundamental para el buen funcionamiento de la relación, por lo que es esencial tener la claridad de expresarlo. Yo me acuerdo cuando tuve una pareja que todo el tiempo quería tomarme de la mano, donde particularmente me sentía muy incómoda y hasta me paralizaba. Era como "¡hazte para allá!". En cambio, con mi esposo es súper cómodo cuando él me toma de la mano, aunque sea por horas; es más, yo me acerco para tomar su mano. Cada persona y cada relación es diferente. Lo importante es que cada quien se sienta respetado y negociar las diferentes necesidades. Si para el otro es más importante la fusión y tú tienes apego evitativo, te recomiendo irte acercando poco a poco sin el temor a ser tragado por el otro. Y si tú eres quien busca fusión, ten paciencia y permite que tu pareja se acerque poco a poco a ti. Soler y Conangla (2015, p. 97) señalan esta interesante pregunta: "¿Qué espacios necesito que me respetes y cuáles deseo compartir o no me molesta compartir?".

Asimismo, los límites hablan de nuestras necesidades, de lo que podemos y queremos soportar o no; de lo que nos gusta o disgusta, de lo que nos duele, de lo que somos, de lo que nos invade o lo que nos hace sentirnos descuidados; de lo que nos hace sentir cómodos o incómodos. Es decir, están determinados por el autoconocimiento; si no te conoces, será muy difícil que puedas definirlos asertivamente, o quizá no los pones o los estableces de manera reactiva. Y como cada uno es responsable de sí mismo en la relación, habrás de ponerlos claramente. No esperes que el otro adivine tus necesidades.

Cuando nuestros límites son invadidos constantemente, entonces construiremos fronteras; es decir, muros donde ya no será tan fácil entrar debido a que estarán formados con miedo y dolor. Solamente serán derribados cuando se pueda confiar en la pareja.

10. Afectos

Cuando la pareja solamente está centrada en vivir en su mundito, están destinados a la dependencia y al aburrimiento. Será importante que tengan afectos propios y en conjunto que les aporten novedad, diversión y soporte, de tal manera que si se acaba la relación, queden contenidos por sus afectos.

ÁGAPE, EL GENERADOR DE RELACIONES A LARGO PLAZO

Múltiples autores nos han hablado de *eros*, *philia* y *ágape* para la construcción del amor a largo plazo. En este sentido, es importante entender que no se puede llegar al *ágape* si no están sólidos y equilibrados *eros* (erotismo) y *philia* (amistad, complicidad). Es decir, si los dos pilares en los que hemos estado trabajando en este capítulo —erotismo y compromiso— no están bien cimentados, será imposible llegar al *ágape*. ¿Qué es? Es un término que proviene del latín tardío *agăpe* (*amor*) y del griego ἀγάπη, que significa amor incondicional. Sin embargo, el origen de su uso proviene principalmente desde el apóstol Juan y se refería al amor entre Dios y los hombres. Posteriormente se comenzó a referir a todo tipo de relaciones impregnadas por un amor divino e incondicional. Desde hace unas décadas, se direcciona hacia el tema de pareja, refiriéndose a un amor mucho más altruista, profundo y de almas como lo relata esta historia:

> Una pareja vivía muy feliz y acababan de cumplir 20 años de casados.
> Un día ocurrió un violento incendio en su casa. Los vecinos llamaron
> a los bomberos, y la mujer y su esposo fueron trasladados al hospital
> más cercano.
> Días después, los doctores dijeron al marido:

CREA UNA PAREJA A TU MEDIDA

—Logramos salvar a su esposa, pero ella está irreconocible: de la cintura hacia arriba es un engrudo de piel, la boca deformada, perdió parte de la nariz y la oreja... su vida será difícil.

El marido dijo con voz baja:

—Yo también sufrí mucho con ese incendio. Después de todo, quedé ciego, no hay de qué preocuparse.

Se fueron a la casa que obtuvieron con la ayuda de parientes y amigos, permaneciendo en ella y evitando salir. Ella, estaba totalmente deformada. Vivieron juntos 17 años más y luego la esposa falleció.

En el funeral, ¡cuál fue la sorpresa de los familiares y amigos! El marido estaba sin lentes y sin bastón... ¡no había quedado ciego! Pero él sabía que su esposa no iba a sentirse verdaderamente cómoda si él estaba consciente de su deformidad.

Esto lo hace el amor *ágape*.

Ágape concilia las dos fuerzas: *eros* y *philia*. Para José Luis Parise (2017) es un estado superior de conciencia, donde si cambiamos el concepto de amor tradicional y nos vamos al terreno de un amor superior, podremos entrar a lo que se conoce como *la nueva era*, ya que hablamos de un amor divino, de unidad, capaz de unir estas dos fuerzas en oposición pero complementarias.

En una paradoja, cuando pasa el tiempo y el erotismo decae, aunque se ame a la pareja, se comienza a desear al de afuera. Y curiosamente esto no sólo pasa en el tema de relación: lo mismo nos pasa en las diferentes áreas de la vida, donde tenemos algo y queremos lo que está afuera. Tengo un coche, pero deseo otro; tengo un trabajo estable, pero deseo otro; vivo en un lugar, pero deseo vivir en otro. De hecho, esto es hablar de las dos medias naranjas, es decir, de estas dos fuerzas yuxtapuestas, pero complementarias que se necesitan para formar el *ágape*. Para los incas a esta fuerza se le conoce como *munay*, la cual se define como "algo que uno ama porque se decide amarlo", es decir, se usa la voluntad para hacerlo. Cuando amamos con *ágape*, la persona se transforma profundamente: es la cura para casi todos los males. Lo ideal es desarrollar la unión del amor y el deseo intrapsíquicamente para después lograrlo en la pareja. Ahora bien, ¿cómo lo desarrollamos?

Ya sabemos que el deseo busca lo nuevo, lo que está afuera, lo que no se tiene, mientras que el amor busca lo familiar, lo seguro, lo estable, lo conocido. Y, añade Parise (2018): "El deseo es tema del futuro, mientras que el amor es tema del pasado". Además, el hombre está más orientado al deseo y la mujer hacia el amor; la mujer desea que la amen y el hombre pondera lo sexual. Otra paradoja se encuentra en que el hombre siente que la mujer lo ama si se arriesga en lo sexual, pero la mujer, para abrirse en lo sexual, necesita sentir que el hombre la ama. ¿Cuál es la clave? *Decidir* arriesgarse a hacer cosas nuevas que detonen el erotismo y, al mismo tiempo, *decidir* hacer actos amorosos en función de la relación.

El problema es que estamos acostumbrados a buscar las salidas fáciles a nuestros problemas de pareja —"si no funciona, me separo"—, pero nos cuesta buscar verdaderamente la solución a los mismos; es allí donde entra el *ágape* para transformar nuestros problemas en fortalezas. Recuerda que si te vas a otra relación sin resolver los que ya tienes, te los llevarás a otras hasta que aprendas a superarlos. ¿No crees que vale la pena intentarlo? ¿De qué nos sirve quejarnos de la pareja si no resolvemos en nosotros lo que esta lección viene a enseñarnos?

Decidir amar y desear a la misma persona es un acto de conciencia superior y de responsabilidad. Cuando lo decidimos comienza un juego maravilloso donde sorprendemos a la pareja con cosas distintas, nuevas, diferentes para detonar el deseo. Pero cuando queremos despertar el amor, le damos a la pareja lo que sabemos que le gusta y la invitamos a los lugares que le gustan; es decir, la llevamos al terreno de lo conocido. De tal manera que cuando resolvemos los temas que teníamos con la pareja, es cuando podemos cambiar de pareja. Como diría mi gran amigo Rubén González Vera: "Gánate el derecho a divorciarte". Y si ya resolvimos el problema, ¿para qué querríamos salir de la relación? Los árabes nos señalan que debemos "tratar lo nuevo como si fuera viejo y lo viejo como si fuera nuevo"; aplicado a las relaciones, eso mantiene a la pareja en un espacio de sorpresa permanente. Si observas el Kamasutra, son las dos mismas personas haciendo cosas distintas. De eso se trata el verdadero amor: de eso se trata el *ágape*.

MATRIMONIO

Un matrimonio tiene problema no cuando discute,
sino cuando bosteza.
JARDIEL PONCELA

¿Por qué el matrimonio ha perdido tanta popularidad? Aquí te facilito algunos datos interesantes que proporcionó la Universidad de Rutgers:

1. Cuanto más joven te cases, tienes de dos a tres veces más probabilidades de divorciarte.
2. Los segundos matrimonios suelen ser mejores que los primeros.
3. Las mujeres independientes económicamente tienen mayores posibilidades de crear mejores relaciones o mejores divorcios.

4. Los hombres casados son más beneficiados que las mujeres.

5. Las mujeres pierden más al casarse.

El desinterés en el matrimonio también se debe a que las mujeres ya pueden tener independencia económica, sexual y emocional, por lo que ya no tienen que casarse para tener hijos. Las mujeres están cansadas de convertirse en objetos de satisfacción de algo, ya sea sexo, dinero o compañía; o de la limitación para hacer lo que realmente desean.

Oscar Wilde dice: "Hay matrimonios que acaban bien; otros que duran toda la vida". Pero en sí, ¿cuál es la ventaja del matrimonio? Sin duda, aporta mayor estabilidad a la relación; es un soporte legal, sobre todo en favor de los hijos. No obstante, en mi experiencia, cuando viene el divorcio, muchas veces este lazo dificulta una separación más sencilla y con menos dolor. Tal cual, es un contrato social y con fines económicos. Aun en la actualidad, muchos hombres son mejor vistos profesionalmente si están casados. Aquí cabría preguntarse antes de casarse:

1. ¿Para qué quiero vivir con otro?

2. ¿Para qué me sirve compartir mi vida contigo?

3. ¿Qué me falta en la relación?

4. ¿Qué sobra en la relación?

5. ¿Qué me gustaría que cambiaras?

6. Esto que me gustaría que cambiaras, ¿vale la pena para terminar la relación?

7. ¿Qué hago cuando amo —ya que en el pedir está el dar—?

Si me preguntan qué opino personalmente del matrimonio, respondería con toda honestidad que lo más importante es el tipo de relación que se forme. Si no existen los dos pilares que vimos anteriormente, de nada sirve firmar un papel. Si lo que hay es conciencia de lo que representa y la voluntad de construirlo entonces habrá mejores pronósticos para la relación. Lo de menos es casarse: lo importante es lo que viene después. Ahora bien, si ya están convencidos, la parte del ritual me parece la cereza del pastel, ya que celebrar un buen amor es maravilloso. Somos seres de significados, siendo los rituales grandes aliados para hacer momentos memorables que llenen nuestros corazones.

Para Pamela Haag (2011),

> un matrimonio le agrega cosas a tu vida, pero también se lleva otras. La constancia mata a la alegría; la alegría mata a la seguridad; la seguridad mata al deseo; el deseo mata a la estabilidad; la estabilidad mata a la lujuria. Recibes algo; una parte de ti desaparece. Es algo con lo que puedes vivir o con lo que no. Y quizá es difícil saber, antes del matrimonio, cuál parte de ti es desechable... y cuál es parte de tu espíritu.

TIPOS DE PAREJAS: X, A, H Y L

La relación **X** es aquella formada por dos personas tan independientes, donde cada uno tiene sus actividades, su trabajo, sus viajes, sus amigos, su espacio, y se convierten en extraños. No hay intimidad ni interés, de tal manera que llegará un momento en que vuele cada quien para distinto lado. Y a veces el problema reside en que damos por sentado que el otro es tan fuerte que no me necesita. De ahí la importancia de aprender a pedir y recibir humildemente. A estas parejas, les recomiendo buscar un hobby en común, donde se rían, se diviertan y se conecten.

La relación **A** es la de dependencia emocional, donde uno está recargado en el otro, de tal manera que si termina la relación, se cae cada uno de manera individual.

La relación **H** habla de dos personas independientes que tienen un vínculo en común interindependiente: forman pareja, colaboran juntos, crecen, tienen afectos en común; pero, en dado momento que termine la relación, cada uno será capaz de continuar el vuelo de manera independiente.

La pareja **L** es aquella donde una de las partes evoluciona, crece, mientras que el otro se quiere quedar haciendo lo mismo esperando resultados diferentes. Le da miedo el crecimiento del otro y utiliza estrategias de control y manipulación para mantener el *statu quo*. El que evoluciona empieza a sentir como un lastre a la pareja hasta que la suelta.

LO QUE ME CHOCA ME CHECA: HABLEMOS DE LA PROYECCIÓN EN LA PAREJA

La pareja es la mejor maestra para mostrarte todo lo que no tienes consciente en ti. Como mencioné en el tema del enamoramiento, éste se da por una proyección positiva, luminosa de ti mismo en el otro; por eso es tan perfecto. Sin embargo, el amor es la proyección de tu sombra, de tu parte oscura, de lo que desconoces de ti mismo proyectado en el otro; por eso te cae tan gorda la pareja. La proyección se da en dos vías:

1. Es lo que soy, hago o tengo y no reconozco: por ejemplo, yo veo que el otro es poco atento, pero yo también lo soy. Digo que el otro es egoísta, pero yo también lo soy. Celo porque yo soy el que estoy engañando.

2. Es lo que quisiera ser o hacer, pero no me permito: digo que el otro se la vive de fiesta, pero yo también quisiera darme ese lujo. Yo digo que a lo mejor el otro me está engañando (sin tener pruebas), porque en el fondo me gustaría tener un *affaire*.

Recordemos, en este sentido, que lo importante es convertirnos no en seres más buenos, sino más completos, siendo la pareja el medio perfecto para serlo.

La función de la pareja es mostrarte algo que NO has podido superar del pasado. ¿Y qué es eso? Es algo que repites una y otra vez en tus relaciones que duele mucho, donde reaccionas desproporcionadamente. Date la oportunidad de observar esta situación para que puedas abrazar a tu niñ@ interno y acompañarlo. ¿Cómo tu pareja despierta tus inseguridades, tus miedos, tus vacíos, y cómo tú tocas los de tu pareja? ¿Cómo se sanan mutuamente a través del amor y se invitan a crecer mutuamente? ¿En qué aspectos se enganchan y reaccionan el uno con el otro? ¿Qué es lo que sigues esperando que tu pareja te diga o haga y no ha pasado? Si ya se lo has pedido y nomás no hay respuesta, ¿cómo te lo vas a dar o decir tú? ¿Cuándo? Ponte un plazo.

Ahora bien, finalmente nosotros permaneceremos en una relación cuando la percepción del BENEFICIO sea mayor al PERJUICIO de estar en ella y nos iremos cuando percibamos que el PERJUICIO sea mayor al BENEFICIO, así de simple. Pero necesitamos agotar recursos antes de tirar la toalla así como así. Te voy a compartir un ejercicio basado en el trabajo de Oscar Durán Yates (2017, p. 136) que me encanta, porque te das cuenta de las proyecciones muy fácilmente y el aprendizaje que viene aparejado. Vamos a hacer un ejemplo usando el siguiente cuadro. Tú deberás hacer el tuyo. Escribe los siete rasgos que más te choquen de tu pareja.

Ahora responde: ¿Por qué te molestan esos siete rasgos que has escrito? ¿Qué es lo que te parece tan malo? ¿Qué es lo que la persona es y hace o no exactamente? Lo vas a contestar con dos rasgos más en la columna de aclarar la situación. Después en la columna de la proyección, escribe el nombre o parentesco de las personas que han visto el rasgo que no te gusta de tu pareja en ti. Por último, escribe cuál es el beneficio que ha traído para ti ese rasgo: ¿qué cualidades, talentos, habilidades has desarrollado a partir de este rasgo negativo? ¿De qué te das cuenta? Lo que te choca te checa, ¿verdad?

COSAS QUE LE CRITICAS A TU PAREJA		PROYECCIÓN	BENEFICIO
Acción/omisión negativa. Qué es, hace o dice. Escribe siete rasgos que no te gusten.	Aclarar la situación.	¿Quién percibe en ti el mismo rasgo que ves en tu pareja?	¿Cuál es el beneficio que tiene este rasgo para ti?
1. Me ignora	• Se la pasa viendo la TV, el celular o la computadora. • Le he pedido que salgamos más en pareja y nunca cumple.	• Mis hijos dicen que siempre los ignoro. • Mis amigas me dicen que las olvido. • Mi mamá me dice que no le llamo.	• Soy independiente y resuelvo mis cosas. • Me siento libre para hacer lo que quiera. • No me está presionando con que esté pegada. • Tengo muchos afectos fuera.
2. No pone límites	• Deja que su familia se entrometa en todo. • Mi suegra me ha faltado al respeto y siempre tiene una justificación.	• No me pongo límites en la comida. • No le pongo límites a mis amigas abusivas. • No le pongo límites asertivos a él.	• Tampoco me pone límites a mí. • Hago lo que se me pega la gana. • Me siento libre.
3. No me escucha	• Por lo mismo de que siempre está con sus aparatos. • Me contesta con monosílabos, pero cuando le pregunto qué dije, me responde que no me escuchó.	• Mis hijos, mi mamá y mis amigas dicen lo mismo de mí. • Yo tampoco lo escucho.	• He aprendido a escucharme yo y a atender mis necesidades. • Me voy con mis amigas para que me escuchen.

COSAS QUE LE CRITICAS A TU PAREJA		PROYECCIÓN	BENEFICIO
4. No me entiende	• Porque no me escucha. • Hasta que exploto me hace caso.	• Mis hijos, mi mamá y mi familia política piensan lo mismo de mí.	• Mis amigas y mis hijos me entienden.
5. Le falta empatía	• Dice que lo intenta, pero nunca se pone en mi lugar. • Sólo le importan sus cosas.	• Mis amigas en ocasiones, mi cuñada y mi esposo dicen que me falta empatía.	• Trato de comunicarme cuando no está con sus aparatos. • Yo me comprendo y me apapacho cuando es necesario.
6. Tiene mamitis	• Se la pasa haciendo todo lo que le dicen. • Se la pasa resolviéndoles la vida. Los ve como víctimas.	• Sobreprotejo a mis hijos.	• Es un hombre de familia. • Acepto que me hubiera gustado tener una mamá más pendiente de mí. • Voy a terapia a resolver esta situación y sanar a mi niña herida.
7. Es muy rígido	• Hace siempre lo mismo. • Dice que no va a cambiar.	• Mi esposo y mis hijos piensan que soy igual.	• Soy demasiado laxa, necesito ponerme más límites.

Ahora bien, el hecho de que existan rasgos que no nos gusten y diferencias en la relación no quiere decir que tengamos que aceptar todo. Es necesario reconocer que habrá diferencias irreconciliables porque transgreden nuestros límites y nuestros valores más esenciales, mientras que otras diferencias son complementarias porque muestran una polaridad a desarrollar. Por ejemplo, uno es muy ordenado —rayando en lo obsesivo— y el otro es muy desordenado. Mientras uno necesita bajarle dos rayitas a su obsesión, el otro debe subirle dos rayitas a su orden.

COMUNICACIÓN EN LA PAREJA

Antoni Bolinches (2014) lo explica claramente: "Preferimos invertir nuestro tiempo en reclamar que nos quieran, en lugar de dedicarlo a hacernos dignos de ser queridos, que es la única vía segura de conseguirlo".

¿Sabías que 70% de nuestras discusiones de pareja son por los mismos temas? Entonces, ¿para qué seguimos haciendo lo mismo? ¡Neurosis pura! El reclamo constante, los interrogatorios onda Gestapo como "¿dónde estás?", "¿por qué no has llegado?", "¿con quién vas?"; así como la queja, los silencios y la crítica son grandes enemigos de la relación. Muchas personas desconocen que las emociones son contagiosas porque nuestros sistemas límbicos están intercomunicados, pero además, energéticamente, estamos resonando todo el tiempo lo que pensamos y sentimos. De nada sirve decir que no estás enojad@ cuando en realidad sí lo estás o que no estás preocupad@ cuando sí lo estás. Automáticamente, el otro percibe tu estado emocional y se contagia o reacciona defensivamente ante ello.

Además, es importante entender que cuando uno de los dos no se quiere comunicar, no hay nada que hacer. Otro gran problema es cuando "ni me explico, ni me entiendes", como menciona Xavier Guix.

Lo que no se dice va a generar enojo, ira, rencor y resentimiento que van formando máscaras de protección y que lejos de ayudar a resolver los conflictos, harán que exploten en la cara.

Es muy común que, en la relación de pareja pretendamos que el otro sea clarividente-intérprete-traductor de nuestras necesidades. ¿No te parece ilógico?

Típico caso de terapia:

—Es que llevamos 20 años de casados y él *debería* saber que me gusta que me traiga flores en cada aniversario—.

Nadie *debería* hacer nada que no elija o que ignore.

—¿Y ya se lo dijiste a tu pareja? —le pregunto.

—No. ¿Cómo le voy a pedir eso?

—Pues así, como me lo estás diciendo a mí.

También está el caso de cuando nos sentimos clarividente-intérprete-traductor de las necesidades de la pareja. Por ejemplo: "¡Ya sé lo que estás pensando!", "¡no!, lo que tú necesitas es...", "¡ya sé lo que me vas a decir!". ¡Eso es una violación mental!

Grábate esto: necesidad no pedida claramente, el otro no tiene por qué satisfacerla. A lo mejor el otro no puede, a lo mejor el otro no quiere... Ahora bien, no es lo mismo pedir una camioneta del año a pedir más tiempo de pareja o querer ser más escuchad@. Si el otro no te quiere comprar una camioneta, te la podrás comprar tú. Pero si estamos pidiendo necesidades esenciales para el bien personal o de la relación y ya se lo pediste una, dos o tres veces sin respuesta alguna, ya tienes la respuesta; es decir, la necesidad sigue allí. ¿Tú qué vas a hacer con ella?

¡Ojo!: lo único que es importante revisar es si esta necesidad la está pidiendo nuestro niñ@ interior o nuestra parte adulta. Si es el primer caso, es importante que mi parte adulta se haga cargo primero de ella. Por ejemplo, de niña me sentí excluida y quiero que tú, pareja, me incluyas en todo, ya que si no, me siento terrible y hago rabieta o lloro desconsoladamente. En este caso, soy yo quien necesito incluirme y contener a mi niñ@ intern@. Ahora bien, como adultos claro que tenemos necesidades, porque somos seres de necesidades y aunque un adulto casi pueda resolverse por sí mismo casi todas, es muy lindo tener compañía para hacer esta tarea más fácil y recibir un apoyo mutuo. Esto habla de la empatía, compañerismo e intimidad en la relación.

Otra cuestión importante es que vemos los problemas de pareja únicamente desde nuestra perspectiva, la cual está sustentada en nuestras creencias proyectadas hacia afuera. Un problema se define como algo que no quieres en tu vida o algo que te hace falta en tu vida. Sin embargo, como en todo, hay perjuicios y beneficios en lo que nos falta y en lo que no queremos; es decir, ambas caras de la moneda. Cuando descubras los beneficios y perjuicios de tus problemas, podrás cambiar la perspectiva de los mismos y, por tanto, cambiamos nuestra realidad.

Ya sé, a veces no es fácil... Sin embargo, cuando convertimos nuestros problemas de pareja en desafíos a vencer y nos atrevemos a revisar lo que necesitamos aprender de una determinada situación, es cuando también podemos comunicarlo desde el amor y no desde el miedo. También es importante reconocer nuestro 50% de responsabilidad en la creación de un problema en la relación, ya sea por lo que estamos haciendo o por lo que no estamos haciendo; al realizar esto, dejas de culpar con el dedo acusador al otro y simplemente le entregas 50% que le corresponde, saliendo del juego *yo-tú* a *nosotros*.

Tras lo anterior, ¿cómo comunicarnos mejor? Necesitamos saber cómo nos comunicamos nosotros y cómo se comunica nuestra pareja, ya que hay personas que son más visuales, otras más auditivas y otras más kinestésicas. Normalmente los hombres son más visuales y las mujeres somos más auditivas, de tal manera que si tú como mujer le haces un gran discurso a tu pareja, él se va a perder la mayor parte del mensaje. En cambio, si entras en su campo visual y le das un mensaje corto, será más fácil que te entienda. Asimismo, el famoso libro *Los cinco lenguajes del amor* de Gary Chapman explica claramente cómo nos sentimos amados dependiendo del lenguaje que tengamos.

1. Palabras de afirmación
2. Regalos o detalles
3. Actos de servicio
4. El contacto físico
5. Tiempo de calidad o experiencias

De tal manera que si tú percibes el amor cuando te dan detalles y tu pareja percibe el amor haciendo actos de servicio —cambiarte la llanta, recoger a los niños de la escuela, cambiando el foco—, él va a sentir que te está mostrando su amor y tú puedes percibir que no. En cambio, cuando tú le das regalos, no les dará tanta importancia; pero si llevas su ropa a la tintorería o le haces la comida que tanto le gusta, lo notará de inmediato.

Por ello, el tema fundamental para comunicarnos es saber cuáles son los valores principales de nuestra pareja; sólo así podremos hablarle de nuestras necesidades, pero desde su perspectiva, ¿me entiendes? Esto requiere mucha observación hacia ella y hacia nosotros mismos, para saber desde dónde nos estamos comunicando. Los valores de cada uno dependen de las experiencias intensas vividas en el pasado con fuertes cargas emocionales positivas o negativas. En el siguiente apartado, te recomiendo realizar un maravilloso ejercicio de Xavier Guix (2011, p. 204).

LOS NIVELES EN LA COMUNICACIÓN

Te propongo un ejercicio práctico. Piensa en la que consideras tu mayor dificultad a la hora de la comunicación. ¿Cuál es esa conducta, actitud o capacidad que te ocasiona problemas en tus relaciones? Una vez que la hayas identificado —cuanto más concreta sea, mejor—, ve siguiendo los pasos sucesivos que corresponden a los niveles lógicos empezando por el ambiente. Te sugiero que vayas paso a paso, que cierres los ojos para centrarte mejor en las imágenes y, sobre todo, no tengas prisa. Este no es un ejercicio racional, sino experiencial. No te servirá de nada hacerlo con la cabeza. Te puede ayudar escribir en tarjetas cada uno de los niveles y colocarlas en el suelo delante de ti, por orden del uno al cinco.

1. **Ambiente:** recuerda en qué lugar, lugares o contextos habitualmente se produce tu dificultad. ¿Ocurre siempre en un lugar determinado, en un momento concreto, en un espacio? ¿En qué contextos ocurre y en cuáles no? ¿Qué contextos favorecen más y cuáles menos?

2. **Conductas:** ¿qué es lo que haces exactamente? Repasa la secuencia de conductas que anteceden a la dificultad, cuándo ocurre y qué haces después. Es importante que no pierdas detalle y que no analices; simplemente obsérvate a ti mismo en la situación.

3. **Capacidades:** obsérvate bien cómo haces lo que haces. ¿Estás siguiendo en esta situación algún tipo de estrategia? ¿De

cuáles recursos o capacidades dispones y de cuáles no? ¿Qué deberías saber hacer que no estás haciendo? ¿En qué otras circunstancias de tu vida sí dispones de esos recursos? ¿Qué debería pasar para que no existiera el problema?

4. **Creencias:** ¿qué piensas cuando aparece el problema? ¿De qué estás convencid@? ¿Puedes detectar alguna creencia limitante? ¿Qué piensas sobre el problema? ¿Qué piensas del otro? ¿Qué valores suyos se expresan en la dificultad? ¿Por qué estás convencid@ de que es un problema?

5. **Identidad:** ¿cómo te ves a ti mism@ en esta situación? ¿En qué afecta a tu identidad? ¿Qué te motiva y en qué te desmotiva esta situación?

Otras técnicas para comunicarte mejor son:

1. **"Me gustarías más si...":** por ejemplo: "Me encanta que me ayudes en casa, pero me gustarías más si fueras por las compras de vez en cuando". Esto invita a la cooperación en lugar de la competencia.

2. **Valida antes de soltar la bomba:** aprecia algo positivo de la pareja, tal como lo vimos en el capítulo de seducción y después habla desde lo que a ti te está pasando. Por ejemplo: "Aprecio enormemente que estés dispuesto a escucharme más cada día, veo que haces un esfuerzo (validación); sin embargo, en realidad sigo sintiéndome no comprendida (emoción), pues si bien tratas de estar presente en la conversación, no veo respuesta alguna de tu parte. Me gustaría que me retroalimentaras más en nuestras conversaciones para saber qué te está pasando a ti (petición de una necesidad)".

3. **Preguntando se llega a Roma:** aprender a preguntar es la llave para adentrarnos en el mundo íntimo del otro. A buenas preguntas, mejores respuestas. Ahora bien, si preguntas y no hay respuesta, ya tienes la respuesta.

4. **Trata de conocer el canal sensitivo del otro:** visual, auditivo o kinestésico para que puedas hablarle en su mismo idioma.

5. **Intenta averiguar el lenguaje del amor del otro:** palabras, detalles y gestos, contacto físico, acciones amorosas o tiempo de calidad.

6. **Cuando una de las partes está muy alterada en una discusión, la otra deberá ser más prudente para no engancharse:** en este sentido, les recomiendo comenzar a hablar cada vez más bajo y calmado, tratando a la persona como un niñ@ grande. "Habla más despacio, ¿qué necesitas? Quiero entender". Si esto no es suficiente, informa que continuarán la conversación cuando ambas partes estén calmadas y sal del espacio físico.

7. **Revisar cómo te sientes ante una determinada situación:** debes verificar cuál es la necesidad que está detrás de esa emoción para poder expresarla con claridad y sin reclamo. Por ejemplo: "Me siento enojada porque permitiste que tu familia me atacara; necesito que me des mi lugar frente a ellos".

8. **Preguntarte si lo que estás sintiendo vale la pena para quitarte tu paz:** te darás cuenta de que hay muy pocas cosas que lo valgan.

9. **Evita dar sermones:** después de tres minutos, a un hombre lo perdiste. Empieza por lo más importante.

CAPÍTULO 6

CÓMO PERDER EL AMOR EN 10 DÍAS

Haciendo una analogía de la película *Cómo perder a un hombre en 10 días*, veamos cuáles son los principales obstáculos en las relaciones actuales.

Las parejas comienzan a tener problemas en cuanto el amor se consolida, así como cuando hay temas económicos, sexuales o por la familia política, principalmente. Un problema de pareja viene a mostrarnos algo que necesitamos resolver, algo que está finalmente hablando de la relación de las ganancias secundarias, de los juegos de poder, de lo que negamos, de lo que evadimos: de lo que no hemos querido resolver. ¿Qué es lo que realmente esconde un síntoma en la relación? He ahí la cuestión.

Si realmente interesa resolverlos, lo primero que necesitamos es que cada quien se haga responsable de 50% que le corresponde, tanto por acción como por omisión. Créanme, lo más fácil es terminar la relación; sin embargo, ¿de qué te sirve si no has resuelto los problemas? Simplemente te los llevarás contigo a la siguiente relación hasta que aprendas. Como dice Antoni Bolinches (2017, p. 17), "el enamoramiento tiene amigos y enemigos, pero el amor sólo tiene enemigos".

Más de 50% de las parejas terminan por temas sexuales incluyendo la infidelidad, por carencia de sexo, por un mal sexo, por un exceso de sexo, por una incapacidad de disfrutar del sexo... Temas que muchas veces no se quieren abordar por vergüenza y miedo, pero que en su mayoría tienen remedio, excepto la infidelidad o una incapacidad física fuerte que dificulte llevarlo a cabo por los mecanismos convencionales. Cuando el hombre es el infiel se aplaude; cuando la mujer es la infiel es una puta. Esta situación ataca directamente el ego masculino y le costará mucho trabajo asumir su responsabilidad en la situación. Por otra parte, como vimos en el síndrome de Peter Pan, el hombre se enfrenta a un gran miedo a no poder satisfacer sexualmente a la mujer; además, a partir de la convivencia diaria de la pareja, el deseo comienza a desaparecer ante la falta de novedad.

Sin embargo, las parejas también terminan cuando no se sienten amadas como les gustaría. En este sentido, es fundamental que respondas las siguientes preguntas:

1. ¿Cómo me sentiría amad@ por el otro?
2. ¿Lo comunico?
3. ¿Cómo el otro se sentiría amado por mí?
4. ¿Lo he preguntado?
5. ¿Cuándo no me siento amad@ por el otro?
6. ¿Cuándo el otro no se siente amad@ por mí?
7. ¿Lo he preguntado?

No es la persona que nos ama quien debe saber
cómo amarnos, somos nosotros quienes le enseñaremos
a que nos ame del modo como necesitamos ser amados.

Sergio Sinay

Y si ya no amo, ¿tengo la honestidad de comunicárselo al otro y hacerme cargo de lo que está pasando? ¿Cuál es mi responsabilidad para haber llegado a este punto? ¿Qué hice o dejé de hacer?

Asimismo, necesitamos revisar cuáles son nuestros mapas del amor: ¿qué oíamos y veíamos de chicos en casa? ¿Teníamos unos papás que se mostraban afecto o, por el contrario, se llevaban como perros y gatos? ¿Qué concepto se tenía de los hombres? ¿Qué concepto se tenía de las mujeres? Típicas creencias arraigadas: "todos los hombres son infieles", "todas las mujeres son unas interesadas", "si tienes sexo antes del matrimonio los hombres no te van a tomar en serio", etc. Es muy importante que escribas todas las creencias que recuerdes y el costo que han tenido en tu vida, así como si hoy siguen siendo actuales o las quieres cambiar. ¿Cómo se manejaban los roles en casa? ¿Cómo se trataban los temas de dinero, sexo, trabajo, familia? Una vez que tengas tu mapa más claro, te darás cuenta de que tus valores hablan de tus elecciones. ¿Qué valoras en una relación? ¿Cuáles son los aspectos que de ninguna manera transigirías en tus relaciones? ¿Cuáles son aquellos que posiblemente negociarías y cuáles son los que puedes dejar pasar con facilidad?

Por último, escribe tus cinco valores principales en orden de importancia con los que te gustaría llevar tu relación. Cotéjalos con los de tu pareja. ¿Están de acuerdo? ¿O son valores muy distintos e incompatibles?

PRINCIPALES PROBLEMAS EN LAS RELACIONES

1. Estrategias de control y manipulación

Éstas son el veneno de cualquier relación, ya sea de pareja o no. Las estrategias de control y manipulación se ejercen para obtener o mantener el poder en la relación. Están desde las que son evidentes,

CREA UNA PAREJA A TU MEDIDA

tales como amenazas, control económico, permisos, etc., hasta las que son más sutiles como el sacrificio, el cual es una forma perversa de manipular al otro a través del chantaje: "Yo, que lo he dejado todo por ti y mira cómo me pagas", "no me divorcio de su padre por ustedes"; es decir, siempre detrás del sacrificio existe una ganancia secundaria.

También están las estrategias inconscientes más peligrosas como las enfermedades mentales y en algunos casos la depresión. Es decir, la sentencia es: "¡Ah!, con que no haces lo que yo quiero... Pues ahí te va: me enfermo o me deprimo para que te sientas culpable y te sometas o al menos yo obtenga más atención".

Estas estrategias SIEMPRE van a generar enojo, rencor y resentimiento en la pareja a la cual se infunde esta violencia, y tarde o temprano se va a revirar en contra de quien la ejerce.

2. Celos

Los celos son la patología de la incertidumbre: se quiere tener la certeza de que no te van a abandonar y de que siempre te va a dar tu pareja algo que anhelas. El origen de los celos es diferente para hombres y mujeres: las mujeres pelean con otras más por temas de sobrevivencia económica propia y de los hijos; los hombres celan por temas de herencia y de posesión. Los celos se centran más en el tener que en el ser y están cargados de obsesión, y como sabemos, la obsesión no es amor.

Además demuestran control, posesión, ver al otro como objeto a tu servicio; llega a ser una transgresión mental y emocional a quien se ejerce. Un celoso quiere certezas para no tocar el miedo al abandono, a la traición o a la comparación. Sin embargo, la peor fantasía del celoso (ser cambiado por otro) muchas veces se hace realidad al hartar a la pareja hasta que sea con conocimiento de causa. Para un celoso, lo peor que se puede hacer es darle explicaciones tratando de aliviar su dolor; entre más se haga, más querrá saber y controlar. Es importante devolverle la responsabilidad de sus celos y que los atienda.

Sin embargo, en mi experiencia personal, es muy difícil que tengan compostura; incluso pueden rayar en un tipo de paranoia y obsesión requiriendo apoyo psiquiátrico. En el fondo, el celoso se siente inferior a cualquier posible competencia; de ahí su dolor. "Esto que soy jamás va a ser suficiente". También es una humillación donde se pierde más y más a sí mismo. Ante la posible pérdida de su amado, se somete, compara o agrede, siendo la agresión el mecanismo más común. Es sugerible que revises si vale la pena continuar o no en una relación así y definitivamente, si hay violencia, salte de ahí.

A nivel sistémico, los celos representan un exceso de mirada, donde seguramente la parte afectada necesitó ser mirada en la infancia por los padres; por ello, en un principio se siente encantada con un poco de celos, pero después se sentirá atrapada y perseguida. La pregunta que hace Ingala Robl (2019, p. 67) es: "¿Para qué necesitas ser tan mirada? ¿Quién no te miró o te miró en exceso en tu infancia y adolescencia?". Y el celoso necesita responder: "¿Para qué tienes que mirar tanto y a quién estás mirando, celando realmente?".

Por otra parte, no es lo mismo los celos fundados a los infundados. Si tienes evidencia de que tu pareja coquetea físicamente o por internet, sale con otras personas e incluso te ha sido infiel, no es cuestión de celos: es cuestión de respeto. Sin embargo, cuando son infundados es cuando ya estamos hablando de un delirio.

¿Cómo los resolvemos? Esto dependerá del grado de madurez personal, el sentimiento amoroso y la conducta agraviante, lo cual determinará el tipo de reacción y el grado de intensidad. Sin embargo, siempre me he preguntado algo, ¿para qué estás con alguien en quien no confías?

3. Envidia

La envidia es una emoción que viene cuando en el fondo no creo que pueda lograr algo que el otro sí. Es decir, hay una sensación de no ser suficientemente capaz o poderoso para lograr algo. Por ello, cuando entramos en relaciones en modo competencia, donde se prioriza el ver quién es más exitoso, quién tiene más dinero, quién se conserva mejor, quién es más popular o quién tiene o hace más; donde no importa SER mejor persona o no se colabora en la pareja, va a surgir la envidia en una o ambas partes. La envidia esconde vergüenza de uno mismo, pero ganas de obstaculizar el camino del otro para que tampoco lo tenga. La pareja envidiosa tratará de invalidar, ridiculizar, minimizar, burlarse o bloquear cualquier posibilidad de logro.

4. Infidelidad

A nivel hormonal, mientras mayor nivel de testosterona y vasopresina tengan los hombres, mayor probabilidad de ser infieles. En el caso de las mujeres, a menor nivel de oxitocina y prolactina, menor probabilidad de ser infieles. Sin embargo, más allá de los aspectos hormonales, una infidelidad duele porque es un daño con dolo; es decir, sabiendo que puedes dañar a la pareja, decides hacerlo. Y es aún más doloso cuando el tema fue hablado antes de vivir juntos. La infidelidad muestra un síntoma de la relación o de la persona infiel, algo que está oculto y que emerge como una respuesta a una situación.

Si bien el deseo no está casado con nadie, la gestión del deseo es una decisión, y no hay nada más doloroso dentro de una relación que vivir una traición. Será muy difícil poder superarla, más aún cuando al infiel no se le puede obligar a dejar de tener deseo por su amante y desenamorarse. Sólo se habla de la infidelidad sexual (que habría que diferenciarla de la exclusividad sexual), pero no se habla de la infidelidad emocional y económica. ¿Cuántos acuerdos no se rompen y se traicionan constantemente en la pareja?

Las razones y los motivos para ser infieles son múltiples: insatisfacción, aburrimiento, adicción al enamoramiento, venganza, carencias afectivas durante tiempo prolongado, entre otras. Sin embargo, lo que necesitamos entender es que siempre es una cuestión de dos; es algo que habla de la relación, tanto por acción como por omisión.

Pregunta seria: si supieras que no te van a cachar, que no vas a dañar a nadie, ¿serías infiel? Esta pregunta se realizó en una investigación y la mayor parte de hombres y mujeres casados contestaron que sí. Como dice Rafael Manrique (2009, p. 65):

> El problema que nos supone la no exclusividad sexual en una pareja no es una cuestión del daño que produce ésta o aquella conducta, sino de amenaza. Es amenaza en algo importante: la hombría, la feminidad, la seguridad, la intimidad, la economía, la preeminencia, el orgullo... Todas estas realidades comparten el más grande de todos los miedos que tenemos: la pérdida y el abandono. La amenaza es el problema, no la conducta sexual.

Sin embargo, mantener una promesa de fidelidad tampoco representa muchas veces una prueba de amor al otro, sino de miedo a vivir la existencia de una infidelidad. Para Esther Perel (2019, p. 22), considerada la mayor experta en el mundo en el tema, "es la práctica más universalmente prohibida y más universalmente practicada", donde, por un lado, se encuentra un acto de traición, y del otro, una expresión de anhelo y de pérdida. La fidelidad consciente proviene de ser coherentes con los valores propios y tener el coraje de enfrentar con responsabilidad las diferencias en la relación y buscar soluciones creativas a los problemas en lugar de evadirlos. Veamos algunas cifras:

1. Una investigación realizada por el periódico *El País* de España menciona que Ashley Madison, la plataforma de aventuras extramatrimoniales más famosa, cuenta con más de 70 millones de usuarios en todo el mundo.
2. La pandemia ha evitado el número de divorcios, pero ha aumentado el índice de infidelidad —sobre todo la virtual—.
3. La infidelidad femenina va a la alza.
4. Al no haber una definición exacta de lo que es la infidelidad, se considera que entre 26 y 76% de mujeres en Estados Unidos y de 35 a 75% de los hombres han reconocido ser infieles de alguna manera —de ahí la importancia de que cada uno defina qué significa este término y le pregunte a su pareja lo que significa para ella—.

Para esta autora, la fidelidad incluye uno o más de estos tres elementos constitutivos: **secretismo, alquimia sexual e involucramiento sexual.** Y muchas veces se trata más de deseo que de sexo: la necesidad de sentirse deseados, especiales, de ser mirados, de conectarse, de llamar la atención. Otro factor que está contribuyendo al aumento de este fenómeno es la percepción generada por el internet, donde siempre hay alguien mejor que la pareja escogida. Mientras que antes de la tecnología y la globalización conocer parejas potenciales dependía más bien de la familia y amigos cercanos, hoy podemos conectar con cientos de personas en un solo día a través de las redes sociales, de tal manera que muchas personas se quedan con la incertidumbre sobre su elección.

Otro factor interesante es que muchas personas infieles dejan pistas para ser cachados, es como decirle a la pareja: "¡Mírame, a ver si ahora sí me ves!".

El tema es que la infidelidad representa la pérdida de la identidad, porque tenemos la fantasía del amor romántico donde tú serás todo para tu pareja y tu pareja será todo para ti... en fin, expectativas imposibles de cumplir. Asimismo, es una amenaza para todo lo construido a lo largo de los años de relación. Es una amenaza al futuro, pero también una invalidación a lo logrado. Recuperar el sentido de valía, la sensación de ser atractivo para el otro y amado por el otro no es tarea sencilla. ¿Cómo desenamorar a un enamorado? ¿Cómo obligarlo a que vuelva a ver al engañado con los mismos ojos que cuando comenzaron? ¿Cómo el engañado puede asimilar el saber a su pareja en brazos de otros? El dolor, la vergüenza, la culpa, el miedo, el enojo, el deseo de venganza, la humillación... tantas emociones fuertes al mismo tiempo.

Este libro no es un tratado de infidelidad. Aquí lo que recomiendo es tomar terapia a la brevedad si estás en una posición así: si eres el engañado, para restaurar la propia valía y sanar el dolor; si eres infiel, para asumir tu parte de responsabilidad. Después la pareja, habrá de resignificar el daño para reconstruir la relación o para terminarla bien. Y concuerdo con Joan Garriga: habrá que pensar en la venganza con amor explicada en el capítulo 2. El engañado tendrá que pensar qué necesita para sentirse compensado por el daño y devolver con un daño menor para restaurar el equilibrio en la relación; en otras palabras, una venganza restaurativa. Muchas veces el engañado mantiene el enojo y el resentimiento como una manera de recordar que puede volver a pasar; pero, en otras, como una manera de culpar y someter al infiel. La sentencia es: "Me debes... y mientras me debas y estés en deuda conmigo, dependerá de mí que te perdone". He conocido en terapia a muchas parejas donde existe una ganancia secundaria detrás de este resentimiento. Sin embargo, el riesgo es muy alto, ya que en algún momento el infiel se hartará de tratar de complacer y restaurar el daño.

Una infidelidad representa un problema en la relación o un problema en el infiel; eso es lo que habrá que investigar. Para Esther Perel (2019, p. 164):

> Muchos amoríos compensan una falta, llenan un vacío o preparan la ruptura. Apegos inseguros, evasión de conflictos, prolongada falta de sexo, soledad o, simplemente, años de estar atorados repitiendo las mismas peleas. En tanto que, cuando es un tema del infiel, representan una búsqueda por una nueva (o extraviada) identidad, es menos el síntoma de un problema y más una experiencia de desarrollo que involucra crecimiento, exploración y transformación. No se trata de una nueva pareja, se trata de un nuevo yo.

Incluso, en ocasiones, es un intento por rebelarse y escapar de una relación destructiva y alienante. En otras ocasiones puede tratarse de una diferencia abismal en gustos y preferencias sexuales dentro de la pareja. Para Francesco Alberoni (1994, p. 172), "reordena todas nuestras prioridades, arroja lo superfluo por la borda, proyecta una deslumbrante luz hacia lo que es superficial y de inmediato lo descarta".

Ahora bien, muy diferente es una infidelidad derivada de una crisis de pareja o existencial a una rutinaria, la cual esconde narcisismo y un permiso para romper todas las reglas, hacer trampa con impunidad, simplemente porque pueden.

La mayoría de los infieles siente mucha culpa y dolor por haber traicionado a la pareja, mas no por la aventura vivida.

En cuanto a la amante, tendría que preguntarse si está rememorando una competencia de la infancia con la madre o peleando una batalla de su propia madre con la amante. También es interesante saber por qué decide conformarse con ser plato de segunda mesa y no creerse una persona lo suficientemente valiosa para que le den un lugar.

5. Rutina

Convivir nos enfrenta a la realidad, al roce de la rutina y de los hábitos adquiridos; a las manías y a los aspectos más crudos del otro.

SOLER Y CONANGLA

Para estos autores (2017, pp. 117-119), existen tres aspectos que deterioran la convivencia:

1. La rutina de lo sabido y lo conocido; es decir, el dar por sentado. Ya no hay sorpresa ni contacto con la novedad. En la Gestalt se dice que el ser humano necesita estar en contacto con la novedad porque si no se muere. ¿Cómo estoy contribuyendo para la creatividad o para el bostezo en la relación?
2. El deterioro provocado por la convivencia: el mal humor, el victimismo, la crítica destructiva, los juicios constantes, la mezquindad, los celos, la envidia, el rencor, el resentimiento y las estrategias de control y manipulación.
3. La incapacidad para gestionar las situaciones de crisis, pérdida y sufrimiento producidas por hechos vitales inevitables: accidentes, enfermedad, muerte o pérdida de un ser querido, trabajo o expectativas incumplidas.

La rutina tiene muy mala fama en la relación, pero forma parte del amor también. Imagínense todo el tiempo tener que estar viviendo en la sorpresa y la novedad. Sería agotador, ¿verdad? Si bien la rutina aporta seguridad, el problema está cuando se instala y ya no le da paso a la novedad, acabando poco a poco con el deseo sexual. Recuerda: uno desea lo que no tiene.

6. Orgullo

Detrás del orgullo muchas veces se esconde la vergüenza, pero siempre oculta nuestra vulnerabilidad: una que duele al no sentirnos reconocidos, valorados, escuchados o que formamos parte de algo. Clamamos *ser vistos*, ser importantes para el otro. Sin embargo, el orgullo también viene cargado de resentimiento que, si no se maneja adecuadamente, puede causar mucho más dolor que si lo encaramos y hablamos sobre cómo nos estamos sintiendo con el otro; es decir, lo que tanto miedo nos da: mostrarnos vulnerables...

7. Dinero y amor

Muchas veces me preguntan si la mujer debe pagar o no las cuentas, y hasta dónde debe colaborar económicamente en casa. Y en este sentido, seguramente muchos hombres van a protestar; sin embargo, coincido con la cábala en que cuando la mujer deja que el hombre se sienta el superhéroe al producir para su mujer y la familia, y ella lo reconoce por ello, hay muchas posibilidades de que él quiera producir más y hacer más. Esto no quiere decir que la mujer no trabaje: quiere decir, simplemente, que la mujer puede decidir de forma libre en qué quiere gastar su dinero. NO pagues junto con él la cuenta durante las citas; deja que se gane tu amor. Y cuando un hombre no se siente apreciado, reconocido y respetado, se va debilitando su fuerza masculina y aparece la apatía, el desánimo; y entre menos produce para la mujer, ella más lo desprecia, no lo respeta y no lo reconoce. Peor aún: cuando ella comienza a asumir el rol masculino de proteger y proveer, y el hombre se queda de amo de casa, ambos se llenan de resentimiento.

CAPÍTULO 7

LIBERANDO A QUIEN AMÉ

Hubiese sido maravilloso que hoy me encantara tu forma de ser,
como sucedió allá y entonces.
Me hubiera gustado que hubieses actuado a la manera
que yo necesitaba,
pero tú no estás aquí para ser quien yo quiero que seas,
quizá tampoco yo actué de la manera que tú necesitabas.
Sería de mucho beneficio que pudiéramos aceptar
—de corazón— que cada uno es quien es,
porque en el fondo los dos queremos lo mismo:
ser aceptados tal cual somos.

FRITZ PERLS

¿Qué nos lleva a terminar lo que se suponía nuestro proyecto de vida? ¿En qué momento decidimos dejar de luchar y optamos por terminar en ocasiones con tanto dolor? ¿Cómo es que la persona que elegimos amar de repente se convierte en un extraño? Aparentemente hay tantos motivos para terminar, pero tan pocos para luchar. El doloroso *impasse* de "me divorcio", "no me divorcio", "me quedo" o "me voy" que puede durar años y que deja estragos en todos los miembros del sistema. Es irónico: conozco parejas que, a la primera de cambio, tiran la toalla sin haber comenzado siquiera la lucha;

pero conozco muchas otras que, con la clara necesidad de separarse, no lo hacen, amargándose la existencia mutuamente. Parejas que están muertas en vida sin atreverse a mover de donde están.

SEPARARME CON AMOR

La separación o el divorcio en las relaciones a largo plazo es un proceso para valientes. Cuando se han agotado todos los recursos, el desencuentro y las diferencias no tienen solución, el dolor es mayor que el placer o la indiferencia ha tocado a la puerta, es el momento en el que debemos reflexionar para qué decidimos permanecer ahí. Y cuando con toda la conciencia se decide terminar la relación, mi invitación es a hacerlo desde el amor y no desde el dolor.

Finalmente, una pareja habla de nuestras elecciones. Suelo escuchar frases típicas como: "Es que le entregué los mejores años de mi vida". ¿Y qué acaso el otro no compartió los mismos años contigo? Cuando no se quiere realizar el proceso de responsabilización, reparación del daño, aprendizaje y crecimiento, como ya les mencioné anteriormente, llevarán su basura a otras relaciones hasta que lo hagan.

¿Por qué duele tanto? Por un lado, porque se rompen todas nuestras expectativas: lo que esperábamos de la pareja y de la relación, lo no cumplido en nuestras fantasías; por el otro, por no haber cumplido las fantasías de la pareja. Evidentemente, duele más cuando hay hijos de por medio, quienes son las verdaderas víctimas de un divorcio. Nos rodea el dolor de no sentirnos queridos, por terminar un proyecto de vida, de perder lo amado, de dañar a los seres amados.

Como mencionan Bucay y Salinas (2008, p. 87):

> Porque dar por finalizada una relación de pareja o un matrimonio y separarse físicamente es sólo la cara visible de un divorcio. Hacer que

nuestra alma se despida de lo que fue y de lo que no, pero podría haber sido, implica mucho más y suele ser el rostro desatendido de este tema. Si la despedida del alma no ocurre, si no consigues *soltar* a la persona de la que te separas, nada puede volver a funcionar debidamente.

Además, en los hijos queda una extraña sensación acerca de "si el amor no fue suficiente entre los padres, ¿quedará amor acaso para ellos?".

Para Bolinches (2020), también es necesario reconocer que le duele más a quien se le pide la terminación, no a quien termina, ya que quien lo pide es porque ya lo tenía más pensado y resuelto. Al que se le pide muchas veces lo toma por sorpresa; no se lo esperaba. El dolor es mayor porque necesita procesar no sólo el dolor por terminar, sino también la herida narcisista, ya que toca la herida de abandono o de rechazo: de no sentirse querid@, no ser dign@ de ser querid@. También porque cambia su *statu quo*, su estilo de vida, sin ser algo voluntario. En este sentido, es interesante saber que tres de cada cuatro separaciones son solicitadas por la mujer, ya que, para nuestro género, no estar lo suficientemente bien es estar mal. En cambio, para el hombre, no estar lo suficientemente mal es estar bien. La mujer espera más y, por tanto, se decepciona más.

RECONOCER CUÁNDO ES IMPORTANTE PENSAR EN TERMINAR UNA RELACIÓN

Existen dos condiciones necesarias que justifican su realización (Manrique, 2009, p. 120): cuando nos perjudica y cuando es pobre. ¿A qué se refiere esto? A cuando representa violencia de cualquier tipo, ya sea física, emocional, psicológica o económica. Cuando detiene nuestro crecimiento como ser humano, cuando bostezamos, cuando enfermamos... Sin embargo, duele más estar en una relación que hace más daño juntos que separados. Es una realidad que muchas mujeres se quedan desamparadas económicamente y que se quedan con toda la responsabilidad de los hijos. También es una realidad que los hombres se emparejan con todas y con cualquiera al terminar una relación. Además, es una realidad que muchas mujeres se vengan del hombre a través de los hijos (alienación parental), poniéndolos en medio de una interminable guerra que los destroza. Otro hecho es que muchas mujeres inmaduras introducen a su casa a nuevas parejas casi sin conocerlas, donde es muy sabido que se producen barbaridades como son el abuso físico y sexual a los hijos. Otra cuestión es que muchas veces conocemos a nuestro peor enemigo en este proceso... El egoísmo impera y el amor que se prodigó a los hijos muchas veces se olvida, ya que los usan como carnada para vengarse de la pareja. El hombre se venga con el dinero; la mujer, con los hijos.

¿POR QUÉ SE SEPARAN LAS PAREJAS?

1. Por saturación convivencial: lo que estamos viendo a partir de la pandemia. Cuando la pareja está todo el tiempo junta, no hay nada nuevo en el panorama y llega el hastío, llega el aburrimiento.
2. Por temas económicos.
3. Por temas sexuales: falta de sexo, mal sexo, infidelidad, diferencias en gustos y valores sexuales.
4. Crecimiento disparejo: uno sigue su proceso de maduración y el otro se queda en el mismo nivel.
5. Violencia.
6. Adicciones.

7. Por las familias políticas: ya les mencioné que, si no se ha cortado el cordón umbilical con las familias de origen, será imposible crear una nueva familia.

HACER EL DUELO

No es un proceso sencillo: definitivamente, requiere de sanar las heridas, lo cual lleva tiempo. Ya sé que muchas personas quisieran la pastilla del día siguiente, pero esto no es posible y no sería conveniente. Hasta hace pocos años, se veía el divorcio como un fracaso; sin embargo, yo lo veo como una experiencia dolorosa, pero necesaria cuando se hacen más daño juntos que separados. Al tratarse de un duelo complicado, normalmente son dos años de duración, siendo el primero el más fuerte. Es como una montaña rusa emocional donde cada vez las subidas y bajadas son más leves.

También es común ver a personas que, ante la ansiedad y la depresión, se medican; esto impide que resuelvan el duelo: sólo lo posponen. El duelo duele, no mata. Y cuando aprendes a resolverlo, te das cuenta de que todo pasa y no pasa nada. Entre más de frente toques el dolor, te acompañes, permitas que otros te acompañen, irás cerrando la herida hasta que sólo quede una cicatriz, pero que ya no te duela. Al recordarla, hablará de todo lo que has vivido y aprendido a partir de la experiencia.

Por otra parte, la dificultad para procesar dependerá del estilo de apego de la persona: los que tienen apego seguro podrán hacer su duelo y seguir adelante confiando en sí mismos y en las relaciones; los que tienen apego ansioso entrarán en pánico por el miedo al abandono y tratarán de apegarse más a la relación, ya que no confían en sus propios recursos para salir adelante. Los que tienen apego evitativo se contarán mensajes del tipo: "ya sabía que no podía confiar en las relaciones", "más vale solo que mal acompañado", "no me vuelven a ver la cara", etcétera. No confían en los demás y tienden a volverse los novios fugitivos.

Otra sugerencia es aceptar lo que hay y reconocer que al otro también le duele. Comúnmente escucho a pacientes dolid@s en terapia diciéndome que les gustaría saber que a la expareja le duele más, que está sufriendo, que está mal. Queremos que pague por lo que nos hizo. Sentimos que nos debe algo...

Ejercicio: ¿Qué sientes que te debe tu expareja? Escríbelo.

Esto habla de nuestro ego herido, del niñ@ herid@ clamando justicia, donde ya sabemos que eso no es amor. Sin embargo, también se vale sobarnos las heridas un ratito en lo que las procesamos y comprendemos, hasta poder llegar al perdón.

Necesitamos entender que a lo mejor el otro no se dio cuenta del daño que causó, que ni siquiera le importa o que también se siente herid@, por lo que es mejor no sentarte a esperar por esa disculpa. Mejor resuelve tu propio resentimiento porque es a ti a quien daña.

Hay también personas que deciden odiar permanentemente a la expareja, ya que es el único vínculo que les queda: si dejan de odiar, dejan de amar. También están las personas llenas de culpas sin resolver; en este sentido, es importante perdonarse y aceptar que cada uno hace lo mejor que puede con las herramientas con las que cuenta. Es importante transformar esta culpa en responsabilidad, en lo que quieres hacer de aquí en adelante y tratar de reparar el daño en la medida de tus posibilidades. Otros incluso se sobrerresponsabilizan al cargar con parte del daño que el otro realizó y encuentran justificación a todo; se hacen l@s fuertes.

Es importante reconocer y validar lo que le toca al otro y entre-gárselo. Magui Block (2012, p. 193), en uno de sus seminarios, comparte este ritual:

> El daño que tú hiciste, sólo tú lo tienes que llevar, y yo ya no lo cargo; solamente me hago cargo de lo mío, es decir, mi responsabi-lidad en esta situación que viví contigo. Tomo total conciencia de esto y asumo mi poder para cambiar las experiencias. Te dejo en paz y me quedo en paz.

En mi libro *Crea una vida a tu medida*, te comparto todo un capítulo para aprender a soltar y resolver duelos. Sin embargo, si sientes que no puedes manejar la situación, es importante que pidas ayuda terapéutica. Y si hay temas de conflictos familiares fuertes, la terapia familiar sistémica puede ser una gran aliada.

CONCLUSIONES

Como te habrás dado cuenta a lo largo de este libro, estar en pareja es un camino para nuestro autodescubrimiento y crecimiento como seres humanos. A veces, suele ser el más confrontativo y doloroso. Sin embargo, cuando hacemos nuestro trabajo interno (convertirnos en mejores personas) podremos crear mejores relaciones que nos nutran a nosotros en primera instancia, pero también a nuestras familias y a las personas que nos rodean, honrando a cada uno de estos maestros que llegan para hacernos evolucionar a través del amor y, en ocasiones, del dolor.

Definitivamente el amor es un riesgo, como todo en la vida. Un riesgo que nos invita a redescubrirnos a través del otro, a revisar nuestras expectativas, nuestros valores, nuestras necesidades reales, nuestros anhelos infantiles, nuestras heridas y nuestras realidades. A vencer nuestros miedos, los cuales disfrazamos de múltiples formas, valiéndonos de excesos para no tocar a estos o a nuestros dolores más profundos, huyendo de las relaciones por miedo a sufrir, por querer placeres instantáneos o por buscar relaciones cómodas de control y dependencia, lo que produce una serie interminable de relaciones fallidas en lugar de nutricias. Parece que no entendemos de todos los errores que hemos cometido a lo largo de la historia.

Es por ello que espero, de corazón, que este material te haya servido de análisis, de reflexión y de utilidad para generar relaciones más sanas y profundas. ¿No crees que es tiempo de atrevernos verdaderamente a amar?

BIBLIOGRAFÍA

Alberoni, Francesco, *El erotismo*, Ed. Pocket, Francia, 1994.

Angulo, Javier, Joaquín Eguizabal y Marcos García, "Sexualidad y erotismo en la prehistoria", *Science Direct. Revista Internacional de Andrología*, Vol. 6, Núm. 2, 2008, <https://www.sciencedirect.com/science/article/abs/pii/S1698031X08756814>.

Beattie, Melody, *Más allá de la codependencia*, Ed. Promexa, México, 1992.

_____, *Libérate de la codependencia*, Ed. Sirio, España, 2009.

_____, *Ya no seas codependiente. Cómo dejar de controlar a los demás y empezar a ocuparse de uno mismo*, Centro de Atención y Servicios Psicológicos VivirLibre.org, <https://es.scribd.com/document/93948135/Melody-Beattie-Ya-No-Seas-Codependiente>.

Birger, Jon, *Date-conomics. How Dating Became a Lopsided Numbers Game*, Workman Publishing, New York, 2015.

Block, Magui, *Seminario Atrae al amor de tu vida, o mejora el que tienes*, México, 2012.

Braden, Gregg, *La curación espontánea de las creencias, cómo liberarse de los falsos límites*, Ed. Sirio, España, 2008.

_____, "Sanando el Sistema Familiar", *Manual de Resonance Repatterning MR*, 2011.

———, "Sanando los sistemas, familias, grupos y organizaciones", *Manual de Resonance Repatterning.*

Bolinches, Antoni, *El arte de enamorar, un nuevo modelo de relaciones amorosas*, Ed. Debolsillo Clave, Barcelona, 2017.

———, *Peter Pan puede crecer, el viaje del hombre hacia su madurez*, Ed. Debolsillo Clave, Barcelona, 2016.

———, *Sexo sabio, cómo mantener el interés sexual en la pareja estable*, Ed. Debolsillo Clave, Barcelona, 2017.

———, *El síndrome de las súpermujeres, por qué las mujeres de éxito tienen más dificultades amorosas*, Ed. Amat, España, 2019.

———, *Los secretos de la felicidad de la pareja (2ª. Parte)*, Canal de YouTube de Antoni Bolinches, 2020, <https://www.youtube.com/watch?v=rWeXnr5o-EM&t=218s>.

Bryans, Bruce, *Nunca vuelvas a perseguir a un hombre, 38 secretos para conseguir al hombre de tus sueños, mantener su interés en ti y evitar relaciones sin futuro*, Publicación independiente, 2020.

Bucay, Jorge y Silvia Salinas, *Seguir sin ti, un relato sobre la separación y la búsqueda del amor auténtico*, Ed. Océano, Argentina, 2008.

Calixto, Eduardo, *Amor y desamor en el cerebro, descubre la ciencia de la atracción, el sexo y el amor*, Ed. Aguilar, México, 2018.

Carney, John, *¿Por qué las mujeres inteligentes, generalmente, están solas?*, Caracteres.mx, 2015, <https://caracteres.mx/por-que-las-mujeres-inteligentes-generalmente-estan-solas/>.

Chiaraviglio, Nilda, *Pareja en construcción*, Ed. Vergara, México, 2019.

Coontz, Stephanie, *Historia del matrimonio, cómo el amor conquistó el matrimonio*, Ed. Gedisa, Barcelona, España, 2006.

Corbera, Enric y Rosa Rubio, *Visión cuántica del transgeneracional*, Ed. El Grano de Mostaza, Barcelona, 2014.

Córdoba, Ma. Paula, Ángel Macías y Manuel Mercado, "La sexualidad: desde el taoísmo a la medicina china", *Revista Internacional de Acupuntura*. Elsevier, Vol. 12, Núm. 2, 2018, pp. 62-67, <https://www.elsevier.es/es-revista-revista-internacional-acupuntura-279-articulo-la-sexualidad-desde-el-taoismo-S188783691830036X>.

Dameno, María Silvia, *Familias ensambladas*, Gestalt net, <https://gestaltnet.net/sites/default/files/articulos/familias-ensambladas.pdf>.

Duany, Efraín, *Sanamos cuando aprendemos a expresar el amor ágape*, Dr Duany, Estados Unidos, 2020, <https://drduany.org/aprende-a-amar-para-sanar/?lang=es>.

Durán Yates, Oscar, *Amor Cuántico, todo lo que necesitas saber para derribar barreras interiores*, Mestas Ediciones, España, 2017.

Evans, Mandy, *Travelling Free: How to Recover from the Past by Changing Your Beliefs*, Ed. Yes you can press, Estados Unidos, 1990.

Faur, Patricia, *Amores que matan*, Ed. Vergara, España, 2008.

_____, *Clase Maestra Lic. Patricia Faur: Congreso MF 2013*, Alejandra Stemateas, 2013, <https://www.youtube.com/watch?v=5hNhvfY3Qj0&t=48s>.

_____, *Estrés conyugal*, Ediciones B, Argentina, 2011.

_____, *Historias de amores que matan, cuando la obsesión amorosa conduce al dolor*, Ediciones B, Argentina, 2015.

_____, *No soy nada sin tu amor, las dependencias afectivas en las relaciones humanas*, Ediciones B, Argentina, 2014.

Fisher, Helen, *La ciencia del amor, por qué amamos y engañamos*, Ed. Mapas colectivos, Col. Microbooks, 2017.

Forward, Susan y Brug Craig, *No se obsesione con el amor*, Ed. Debolsillo Clave, México, 2008.

García, Marcos y Javier Angulo, "Imágenes de la genitalidad y sexualidad femenina en los albores de la humanidad", *Eros y Anteros, visiones sobre la sexualidad femenina*, Ed. Patrimonio en femenino, España, 2015.

García Marcos, Gema, "Más infieles que nunca: la pandemia despierta el hambre de aventuras extramatrimoniales de los españoles", Periódico *El Mundo*, España, 2022, <https://www.elmundo.es/vida-sana/sexo/2021/02/12/60255ad9fc6c8363588b46a2.html>.

Garriga, Joan, *Bailando juntos*, Ed. Diana, México, 2021.

_____, *El buen amor en la pareja*, Ed. Paidós, Barcelona, 2013.

Gilbert, Elizabeth, *Comprometida, una historia de amor*, Ed. Aguilar, México, 2010.

Guix, Xavier, *Ni me explico, ni me entiendes, los laberintos de la comunicación*, Ed. Books4pocket, Barcelona, 2011.

Haag, Pamela, *Marriage Confidential: Love in the Post-Romantic Age*, Ed. Harper Collins, Estados Unidos, 2011.

Hellinger, Bert, *Órdenes del Amor, cursos seleccionados de Bert Hellinger*, Ed. Herder, Barcelona, 2019.

Herrera-Gayosso, Vicente, *Cómo las neuronas espejo influyen en el amor romántico*, Psicocode, 2016, <https://psicocode.com/pareja/como-las-neuronas-espejo-influyen-en-el-amor-romantico/>.

Krishnananda, *De la codependencia a la libertad, cara a cara con el miedo*, Ed. Gulaab, Madrid, 2012.

Lutereau, Luciano, *El fin de la masculinidad, cómo amar en el siglo XXI*, Ed. Paidós, Argentina, 2021.

Manrique Solana, Rafael, *¿Me amas? Todos los consejos que necesitas sobre el amor*, Ed. Pax México, 2009.

_____, "Del deseo a la familia: la construcción de lo familiar", Conferencia basada en el libro *Sexo, erotismo y amor. Complejidad y libertad en la relación amorosa*, Edicopmes Libertarias, Prohufi, Madrid, 1996.

Malakh-Pines, Ayala, *Romantic Jealousy: Causes, Symptoms, Cure*, Ed. Routledge, New York, 2013.

Martínez, Eli, *Crea una vida a tu medida, descubre el método Ser Uno para desarrollar todo tu potencial*, Ed. Alamah, México, 2019.

Mercado, Ivonne y Reyes Yenni, *Desapego de la juventud al modelo de familia tradicional y de la pareja*, Facultad de Ciencias Políticas y Administración Pública de la Universidad Autónoma del Estado de México, 2020, <http://ri.uaemex.mx/bitstream/handle/20.500.11799/109582/Tesis%20Ivonne%20Mercado%20Fonseca%20y%20Yenni%20Reyes%20Nicolas.pdf?sequence=1&isAllowed=y>.

Norwood, Robin, *Las mujeres que aman demasiado*, Ed. Zeta Bolsillo, Barcelona, 2006.

Parise, José Luis, *Entrevista: La pareja en La Nueva Era*, Canal José Luis Parise Videos, 2017, <https://www.youtube.com/watch?v=-3fQn7bf_7GQ&t=1839s>.

_____, *Entrevista: La Pareja en la Nueva Era. Segunda parte!*, Canal José Luis Parise Videos, 2018, <https://www.youtube.com/watch?v=ZZ3JH15WzbE&t=33s>.

Perel, Esther, *El dilema de la pareja, ¿estamos hechos a prueba de amoríos?*, Ed. Diana, México, 2019.

Pons, Paula, "Casi el 40% de las parejas se conoce a través de internet", Periódico *La Vanguardia*, España, 2019, <https://www.lavanguardia.com/tecnologia/20190214/46454394015/ligar-parejas-internet-aplicaciones-tinder-sociologia-tecnologia.html>.

Pucheu, Mónica e Inés Olivero, *Adicción a las personas*, Ed. Urano, Buenos Aires, 2014.

Ramtha, *Ese elixir llamado amor; la verdad acerca de la atracción sexual, las fantasías secretas y la magia del amor verdadero*, Ed. Sin Límites, México, 2006.

Riso, Walter, *¿Amar o depender? Cómo superar el apego afectivo y hacer del amor una experiencia plena y saludable*, Ed. Océano, México, 2012.

_____, *La afectividad masculina, lo que toda mujer debe saber acerca de los hombres (intimidades masculinas)*, Grupo Editorial Norma, Colombia, 2008.

_____, *Los límites del amor, hasta dónde amarte sin renunciar a lo que soy*, Grupo Editorial Norma, México, 2006.

Robl, Ingala, *Constelaciones Familiares para el amor y las parejas*, Ed. Debolsillo Clave, México, 2019.

Silva Martínez, Guillermo Jorge, *Ensayo sobre el ágape*, Posgrado UNAM, México, 2018, <https://www.posgrado.unam.mx/filosofia/wp-content/uploads/2018/09/III08silva.pdf>.

Sinay, Sergio, *Vivir de a dos*, Ed. Nuevo Extremo, Argentina, 2011.

_____, *La masculinidad tóxica: un paradigma que enferma a la sociedad y amenaza a las personas*, Ediciones B Argentina, 2007.

Soler, Jaumé y Mercé Conangla, *Juntos pero no atados, de la familia obligada a la familia escogida*, Ed. Amat, España, 2015.

_____, *Juntos pero no revueltos, la familia emocionalmente ecológica*, Ed. Amat, Barcelona, 2006.

Yehuda, Berg, *Las Reglas Espirituales de las Relaciones, cómo la Kabbalah puede ayudar a tu alma gemela a encontrarte*, Ed. Kabbalah Centre Publishing, Colombia, 2015.

Crea una pareja a tu medida de Eli Martínez
se terminó de imprimir en enero de 2023
en los talleres de
Impresora Tauro, S.A. de C.V.
Av. Año de Juárez 343, col. Granjas San Antonio,
Ciudad de México